写给天下创业者的众筹创业指导书

天下众筹

人人都是创业者
CROWDFUNDING

中国蜂蜜品牌创新第一人
中国青年创业国际计划资深创业导师

╱ 陈 云◎著

人民邮电出版社

北 京

图书在版编目（CIP）数据

天下众筹：人人都是创业者 / 陈云著. -- 北京：
人民邮电出版社，2016.10
ISBN 978-7-115-43653-5

Ⅰ．①天… Ⅱ．①陈… Ⅲ．①融资模式－研究 Ⅳ.
①F830.45

中国版本图书馆CIP数据核字（2016）第220607号

内 容 提 要

在互联网时代，人人都可以是创业者。本书从众筹的概念讲起，讲述众筹在中国发展的现状，全面解读了众筹模式怎么玩并总结出众筹成功的三大关键要素——项目规划、推广营销和经营粉丝，以及其他读者十分关心的热点问题。本书适合董事长、总经理等中高层管理人员，以及想要开展众筹的创业者和对众筹感兴趣的读者阅读与学习。

◆ 著　　　　　陈　云
　　责任编辑　冯　欣
　　责任印制　　彭志环
◆ 人民邮电出版社出版发行　　北京市丰台区成寿寺路 11 号
　　邮编　100164　　电子邮件　315@ptpress.com.cn
　　网址　http://www.ptpress.com.cn
　　北京隆昌伟业印刷有限公司印刷
◆ 开本：880×1230　1/32
　　印张：7　　　　　　　　　　2016 年 10 月第 1 版
　　字数：118 千字　　　　　　2016 年 10 月北京第 1 次印刷

定价：49.00 元

读者服务热线：**(010)81055488**　印装质量热线：**(010)81055316**
反盗版热线：**(010)81055315**

推荐序 1

一本令人醍醐灌顶的好书

很荣幸能在第一时间读到陈总的新书——《天下众筹：人人都是创业者》，陈总是我非常敬佩的一个人，他给我的印象可以用4个字来形容——敬业、执着。陈总是福建师大的高才生，毕业之后留校做了大学老师，这是令许多人羡慕的事情。但陈总骨子里有一种不安定的因素，他不喜欢按部就班的生活。正是这种不安定与积极，让他的人生充满了变数，产生了无限的可能，这就是为什么小小的蜂蜜产业能做成这么大的原因之一。

俗话说，一个好汉三个帮。如今再也不是单打独斗的年代，要想做出一番骄人的事业，就必须要集众人之力，这个"力"不仅仅是财力，更重要的是智慧。从这个角度来讲，众筹是时代发展的必然产物。

2009年，众筹在美国诞生；2011年，众筹在中国出现。在短短六七年的时间内，众筹平台如雨后春笋般冒出来。然而，任何一个事物发展在最初阶段都不会是一帆风顺的，众筹平台虽多，众筹的项目虽不少，但真正能成功的却凤毛麟角，"宋小蜜"则是为数不多的成功案例之一。若不是事实摆在这里，或许很少有人相信蜂蜜产业可以做得这么大，市场上卖蜂蜜的那么多，为什么只有陈总能卖得这么好呢？

从《天下众筹：人人都是创业者》这本书中，我们能够看出一些端倪，我认为"宋小蜜"成功的关键是陈总的创新思维，这一点体现在他对消费者的定位、蜂蜜的包装，以及"宋小蜜"发展的未来规划等多方面。

众筹是未来发展的趋势，现在有不少个人、企业都跃跃欲试，或者已经迫不及待地试水了。但众筹在我国的发展历史并不长，很多事情都需要在摸索中前进，"宋小蜜"则给了我们站在巨人肩膀上的机会。通过了解"宋小蜜"并学习"宋小蜜"，甚至是效仿"宋小蜜"，我们一定能看得更远，走得更好。

通过阅读陈总的《天下众筹：人人都是创业者》，不仅让我学习到了很多众筹知识，更重要的是，感受到了陈总的思想魅力。拿破仑曾经说过："世界上只有两种力量，利剑和思想。从长而论，利剑总是败在思想之下。"对于创业者来说，思想就是财富。如果你也是一位怀揣创业梦想的有为之人，建议你读一读陈总的这本书，相信一定能让你有醍醐灌顶之感。

联想零售执行委员会专家

王晓锋

推荐序 2

让天下没有不懂众筹的老板

说实话，第一眼看到《天下众筹：人人都是创业者》这本书时，心里并没有太高的期望值，因为我觉得它有些单薄，只有区区几万字。若不是作者确实是一位实力派的人物，这样的书我可能都不会看第二眼。

当我沉下心开始阅读此书，没想到竟一口气把它读完了，竟然还有意犹未尽之感，对自己当初的想法也不禁感到汗颜，一本好书不在于它有多少字，最重要的是它有多少含金量的内容。有些作者洋洋洒洒数十万字，却都是不痛不痒的东西，让人读起来有一种隔靴搔痒之感。而陈总的书读起来则十分痛快，他的文字就像他的人一样干净利落，字字珠玑，言之凿凿。

"宋小蜜"的成功离不开众筹，而众筹是多少老板想吃却吃不到的蛋糕！如今要创业，最重要的，一是有人脉，二是有资金。但有好人脉之人毕竟是少数，更多的人需要从零做起，在这个竞争激烈的时代，要想成功谈何容易？于是，众筹就成了无数心怀创业梦想之人寻求发展的必然选择。但众筹是一个含金量很高的技术活，不是人人都能玩得转的，于是，众筹最终就演变成了"众愁"。而陈总与他的"宋小蜜"却让人们看到了不一样的众筹。

陈总的这本《天下众筹》全面地为读者解析了什么是众筹、众筹在中国发展的现状，最重要的是他写出了很多老板们关心的问题：怎样做众筹才能成功？陈总从他做"宋小蜜"的实践中总结出了众筹成功的三大关键要素：项目规划、推广营销和经营粉丝。这些实践出来的宝贵经验是很多想众筹的项目发起人急需了解的，弥足珍贵。

此外，由于众筹在我国发展的时间较短，还有很多需要完善的地方，以及一些需要规避的法律风险，稍不留意，就可能会触犯法律，对此，陈总也进行了详细的论述，考虑得十分细致、周到。

最后，陈总和盘托出了"宋小蜜"成功众筹的方案，给予读者学习参考的机会，非常难得。

这样一来，本书清晰的脉络就呈现在了读者的面前，由何为众筹说起，接着结合实际案例，详细阐述如何做好众筹、成功众筹；然后从安全的角度出发，让读者了解众筹可能触及的法律问题，最后把"宋小蜜"真实的众筹方案呈现给读者。如此清晰、详实的内容，待大家读完之后，都会对众筹有一个全面而清楚的认识。毫不夸张地说，读完陈总的这本书，天下将不会有不懂众筹的老板。

如果你也对众筹感兴趣，那么，此书你一定不能错过。

最特色创始人

刘俊杰

自 序

我与"宋小蜜"的情缘

人生会因为一次小小的意外而发生翻天覆地的变化，这种变化可能完全超乎你的想象，就像我与"宋小蜜"。起初，身边的朋友听说我卖蜂蜜时，都觉得不可思议，甚至有人半开玩笑地说："你让蜜蜂蜇还差不多！"的确，那时我连什么是好蜂蜜、什么是坏蜂蜜都搞不清楚，大家感到意外，也在情理之中了。再者说，我的经历也与蜂蜜毫不沾边。

大学毕业后，我有幸留校，成了一名大学老师。之后，下海经商，先是办民营人才市场，继之创办阳派木制品开发（福建）股份有限公司，现在卖蜂蜜，跨度是有些大。不过，人生处处会有惊喜，你不晓得在哪个拐弯处就与惊喜迎面撞上了。

但是，我与"宋小蜜"的结缘并不是由惊喜、甜蜜开始的。2013 年 9 月，父亲生了重病，我的心情非常沉重。自己在每创建一家企业时，虽然都不断在推崇孝心、爱心，却自感对父亲的照顾不够，于是，我决定尽一个儿子的孝道，让父亲少操劳一些，多一些开心。在一次与父亲的闲谈之中，我萌生了替父卖蜂蜜的想法。

经过我的研究与包装，"宋小蜜"的品牌应运而生。我只是在朋友圈中发了几条微信，在短短 2 周的时间内，"宋小蜜"就卖了12 万元，这相当于父亲 4 年的销量。接下来，"宋小蜜"的发展速度更是可以用奇迹来形容，2013 年 11 月，收购福州蜂味源蜂业科技有限公司，次月开发出 30 多款产品；2014 年元旦正式销售，28 天就卖了 200 万元！

我认为"宋小蜜"能够在短时间内取得如此可喜的成绩，得益于两个因素：一是"宋小蜜"走的是高端品牌路线，从一开始定位就十分准确；二是借助互联网这双翅膀，实现了成功众筹。

未来，"宋小蜜"不会止步，它还有一个资本的梦想，实现上市融资，把"宋小蜜"打造成中国高端蜂蜜的第一品牌。关于"宋小蜜"的明天，我的信心满满，相信它的未来一定会很美好。

其实，在很早以前我就想写一写我与"宋小蜜"的故事了，只是苦于没有时间，回想起来，那是借口，因为任何一件事，只要你想去做，时间还是会有的。

前不久，听说老乡陈志红出了一本《阿里巴巴品牌营销108招》，而且还卖得很火，一度脱销。我终于按捺不住了，于是，在挤一挤的时间中就有了这本《天下众筹：人人都是创业者》。这本书字数不多，内容简单到可以用 3 句话来概括：什么是众筹？怎样做众筹？"宋小蜜"是如何成功众筹的？

常言道：浓缩的就是精华。现在的人都忙着工作，忙着享受生活，没有时间听长篇大论，所以我就长话短说，只讲重点。因为说再多，如果你不去实践，也是纸上谈兵，只有亲自去做了，再加上别人的稍加点拨，才是最有用的。想众筹的朋友，不妨看看这本书吧！

陈云

目 录

Chapter 1 **众筹是什么** //001

众筹的前世与今生 //002

盘点众筹形式 //006

众筹的本质是什么 //015

Chapter 2 **众筹在中国之行** //019

众筹之中国发展 //020

众筹，不可打无准备之仗 //022

众筹中的推广：酒香也怕巷子深 //027

众筹之后，粉丝是刚需 //030

中国众筹市场发展现状分析 //032

Chapter 3 **众筹前，如何做好项目规划** //039

产品品牌塑造策略 //040

打造个人品牌，创造独一无二的市场优势 //044

商品众筹设计技巧　//050

手把手教你做股权众筹　//055

未来股权众筹发展趋势　//066

选择合适的发布平台　//069

Chapter 4　众筹过程中如何做好推广营销　//081

推广靠自己，你会更强大　//082

善待第一批项目支持者　//085

分期推进目标，实现曲线救国　//088

巧用社交平台，助力众筹　//090

打造立体平台，多渠道宣传　//098

Chapter 5　众筹结束后如何经营粉丝　//107

构建粉丝社群　//108

增强粉丝参与感　//112

优化用户体验　//116

Chapter 6　不可回避的法律风险　//127

众筹面临的法律风险　//128

众筹和非法集资的区别　//136

众筹中的法律风险规避　//141

众筹中知识产权的保护　//149

Chapter 7 "宋小蜜"的奇迹　//157

　　　　"宋小蜜"的前世今生　//158

　　　　"宋小蜜"的商业帝国　//160

　　　　"宋小蜜"的大事小情　//163

　　　　策划实例文案　//169

附录一　"宋小蜜"合伙人投资协议　//177

附录二　品牌事记　//185

附录三　"宋小蜜"众筹系列活动照片墙　//189

附录四　"宋小蜜"文创作品展示墙　//199

后记　众筹，激活创业梦　//207

Chapter 1

众筹是什么

| 众筹的前世与今生 |

随着科技的发展,"众筹"已经成为了人们耳熟能详的词汇,国内众筹网站遍地开花,不少互联网巨头纷纷试水众筹领域。例如,大家比较熟悉的轻松筹,在朋友圈中,你经常会看到一些得了重疾的人借助轻松筹来筹措医疗费。虽然"众筹"随处可见,可大家真的了解众筹的含义吗?我看未必,下面我就给大家详细地介绍一下什么是众筹,以及它是如何兴起的。

众筹,译自"Crowdfunding"一词,即大众筹资或群众筹资，是指用团购＋预售的形式，向大众募集项目资金。现代众筹是指借助互联网来发布筹款项目并招募资金，与传统的融资方式相比，更为开放。可以说，只要你有好的项目、好的创意，人人都能实现众筹，这就为那些小本经营或创作的人提供了无限的可能，解决了他们没钱办不了事、无法成功创业的问题。

追本溯源，说到众筹，不得不提美国网站 Kickstarter，众筹就是由此兴起的。该网站于 2009 年 4 月在美国纽约成立，通过搭建网络平台面对公众筹资，让有创造力的人可以获得他们所需要的资金，以便使他们实现梦想。最初的众筹形式给予热心人士和粉丝一个途径，方便他们表示其支持之心，尽管他们并不获得什么财务回报。然而，这一新颖的筹款形式迅速在美国和欧洲各地流行开来，并且从文艺领域扩大到商业领域，Crowdfunder、Bloom、Venture、Catalyst 等一批网站如雨后春笋般冒出来，越来越多的企业和个人逐渐参与到众筹领域中来，寻找互利共赢的机会。

（一）众筹元素构成

众筹是由 3 个元素构成的，即众筹平台、项目发起人和出资人，如图 1-1 所示。

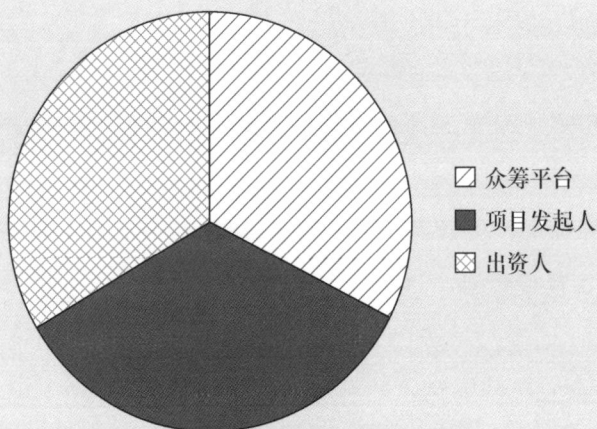

图 1-1　众筹的构成要素

1. 众筹平台

前面我提到的美国网站 Kickstarter，就是一个众筹平台，通常众筹平台的搭建者是项目发起人的监督者和辅导者，还是出资人的利益维护者。

2. 项目发起人

项目是具有明确目标的、可完成的且具有具体完成时间的非公益活动，项目不以股权、债券、分红、利息等资金形式作为回报，而是将产品、服务或礼品给出资人作为回报。

3. 出资人

出资人通常是互联网用户，他们利用在线支付方式对自己感兴趣的项目进行小额投资，通过出资来获得产品、服务或者礼品。

（二）众筹的特征

自 2009 年，第一家众筹网站成立以来，其发展速度之快，我认为这与众筹本身具备的特征是分不开的，众筹具有四大特征：门槛低、多样性、依靠大众力量和注重创意，如图 1-2 所示。

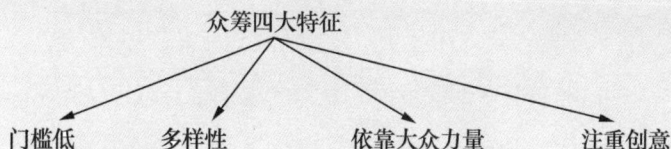

众筹四大特征

门槛低　　　多样性　　　　依靠大众力量　　　注重创意

图 1-2　众筹的四大特征

1. 门槛低

不管你的身份、地位、年龄、职业怎样，只要你有好的想法，有创造能力，就可以发起项目。

2. 多样性

众筹的方向具有多样性，项目可以是任何类别的，如游戏、出版、科技、视频、摄影、漫画、影视等。

3. 依靠大众力量

出资者通常都是大众，而非公司、企业或风险投资人。

4. 注重创意

项目发起人必须先将自己的创意展示给大家，如策划案、设计图等，然后才能通过平台的审核，而不是一个简单的概念或者一个想法。

如今，众筹发展已经日渐成熟，业内普遍认为它历经了 3 个发展阶段：第一个阶段用个人力量就能完成，支持者成本比较低，在最初更容易获得支持；第二个阶段是技术门槛较高的产品；第三个阶段是需要小公司或者多方合作才能实现的产品，这个阶段的项目规模比较大、团队最专业、制作能力最精良，所以，也能吸引到最多的资金。

相信随着互联网的发展，众筹的未来也会越来越光明。

| 盘点众筹形式 |

目前，众筹的形式主要有 4 种（如图 1-3）。

（一）股权众筹

股权众筹是指公司出让一定比例的股份，面向普通投资者，投资者通过出资入股公司，获得未来收益。在一定意义上来说，过去由有限的投资人投资你的方式，变成由很多人投资你的方式。你的回报方式就是公司相应的股权，可能是股权比例，也可能是股权数，也就是以长期持有你公司的股权，并且以股权相应的收益分红等这些作为回报。

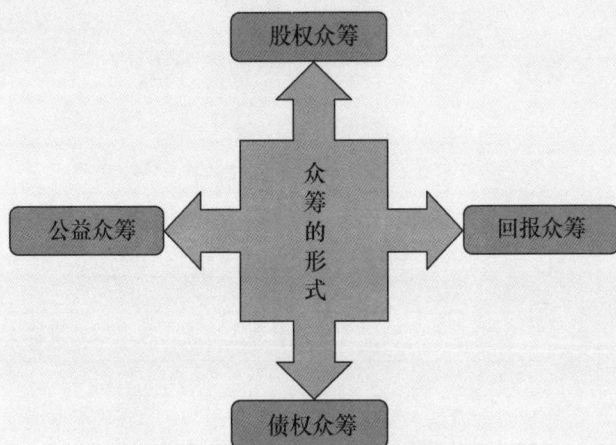

图 1-3　众筹的形式

从 2011 年天使汇最早成立，至今约 5 年的时间里，诞生了很多众筹平台，如大家投、好投网、原始会、人人投、我爱创等。2014 年更是被称为中国众筹的"元年"，5 月 22 日全球众筹峰会在北京召开，股权众筹更是成为了大家关注的焦点。

股权众筹，顺应了草根创业的时代需求，突破了过去天使投资人必须"看得中、投得起、帮得上"的条件，让更多的投资人参与到投资创业企业的过程中来，比起传统融资有相当明显的优势，主要表现在以下 5 个方面，如图 1-4 所示。

1. 股权众筹模式为创业企业带来宣传优势

企业进行股权众筹本身既是面向投资人的融资行为，也是一种面向大众的市场营销行为。如果创业企业从创业初期的天使轮融资阶段便进行股权众筹，比起通过传统模式进行融资的企业，便具有天然的宣传优势。

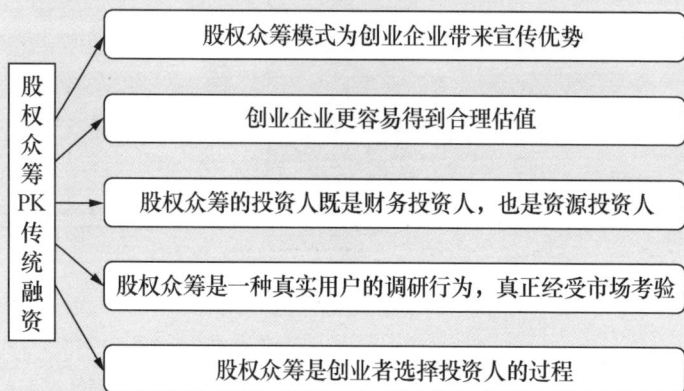

图 1-4　股权众筹与传统融资的区别

传统融资基本上只有投资者和创业者自己了解情况，如果融资金额不大、投资者不是话题人物或者话题机构，创业企业将不会获得任何宣传先发优势。

2. 股权众筹模式下，创业企业更容易得到合理估值

创业企业进行股权众筹之时，有投资意向的投资人都会在股权众筹平台上表明投资意向，全部过程非常透明，投资人公平竞争，创业者也能清晰了解企业的融资前景。股权众筹有效地规避了投资者和创业者的信息不对称，从而避免了创业企业在信息不对称的情况下廉价出售股份的情况。

在传统融资模式下，投资人更了解投融资市场现状，创业者对投融资市场基本没有任何了解，双方信息非常不对称，不利于创业企业获得合理估值。

3.股权众筹的投资人既是财务投资人，也是资源投资人

股权众筹的投资人，尤其是领投人，自己是出资方，也是投资决策者。投资人进行投资决策之时，会跟创业者亲自接触，建立联系。由于投资行为事关自身利益，投资者在向创业企业注资之后，还会向创业企业持续投入各种资源，帮助创业企业发展。

传统投资方基本上只是创业企业的财务投资人。传统融资的投资方的出资者和投资决策者并非同一人。投资决策者一般只是投资机构的职业经理人，他们一般无法获得投资对象企业的股权，对投资后创业企业的发展和需求关心程度不高，只会在出资和退出时与创业企业接触。

4.股权众筹面向更大范围的人群，也是一种真实用户的调研行为，使创业企业真正经受市场考验

如果融资市场反响不佳，创业企业还可以快速转向，符合精益创业思路。传统融资是投资者和创业者的一对一交易，判断力依赖于投资者一人。

5.股权众筹是创业者选择投资人的过程；传统融资是投资者选择创业者的过程

（二）回报众筹

回报众筹就是投资者对项目或公司进行投资，获得产品或服务（我给你钱，你给我产品或服务）的众筹方式。

回报众筹通常应用于创新项目的产品融资，是人们喜闻乐见的一种众筹类型，主要为科技、设计、影视、演出、聚会等创意，创新产品并筹集研发和生产资金。

还有一种情况是预先销售，指销售者通过在线发布新产品或服务信息，对该产品或服务有兴趣的投资者可以事先订购或支付，从而完成众筹融资。该模式在一定程度上可以替代传统的市场调研，进行有效的市场需求分析。同时，投资者参与事前销售的动机除了希望产品或服务被生产出来外，在产品真实销售时获得折扣也是其原因之一。

因为回报直观、支持简便，在众筹行业中，商品众筹平台的数量最多，用户也最活跃。2014 年，商品众筹行业的交易额估算在 4 亿元左右，虽然数额不高，但却是 2013 年的 4 倍以上，增长率超过 300%；支持者的人数更是超过 70 万。

接下来，我们来对比一下回报众筹与团购，其不同之处主要表现在以下 4 个方面。

（1）产品众筹大都是针对还未真正在市场大规模流通的产品，支持者参与新产品的设计，对新产品的性能或服务提出自己的意见；团购则针对现成的产品，消费者参与是为了购买成品。

正因为如此，产品众筹购买的一般都会是首发的全新产品，团购则不同，往往都是成熟的批量化产品。众筹产品还没有生产出来，需要先付认筹款，约定交付条件。团购是商家的促销行为，商品现成，货到付款也很常见。

（2）根据惯例，只有产品众筹支持人数和购买总量超过了基本门槛，本次众筹才算成功，预购的资金就会转移到创业者的项目那里，实现新产品的生产和完成预购的行为；否则，众筹不成功，已缴纳了的预购资金还需要返还给支持者。团购则不同，一般设计好了团购产品，多少份都卖，来的都是客，卖得越多越好。

（3）商品团购利用的是规模效应，集合了类似客户的相近似需求，利用商品的通用性，尽可能扩大商品的采购规模，有效降低采购成本。产品众筹则是有针对性地满足潜在客户的个性化需求，将特殊需求的长尾集中起来，达到可经营规模。商品众筹在新产品的设计上，了解客户的需求，只有满足了支持者的需求，有了一定的预订量并收到了预订的款项后，才会进行生产。

（4）团购是一次性买卖交易，而商品众筹除了一次性买卖交易外还存在时间差，可以在这个时间段持续不断地与客户互动，从而增强客户的黏度。

（三）债权众筹

债权众筹指的是投资者对项目或公司进行投资，获得其一定比例的债权，未来获取利息收益并收回本金的一种方式，即我给你钱你之后还我本金和利息。债权众筹分为两种形式，如图1-5所示。

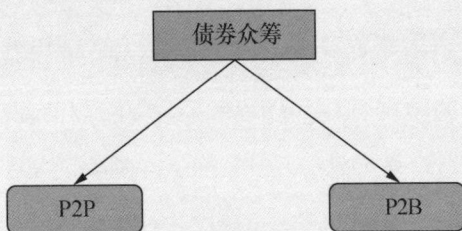

图1-5　债券众筹的两种形式

1. P2P

P2P，即以具有资质的网络信贷公司为中介平台，借助互联网、移动互联网技术提供信息发布和交易实现的网络平台，把借、贷双方对接在一起来实现各自的借贷需求。

中国目前的**P2P**做得比较好的是人人贷平台。对于投资人来说，把资金分散投资到稳定的债券上是最好的选择。目前大部分人还是宁愿把钱放到银行存定期，也不愿意承担更多的风险。但是他们又遏制不住自己对高利润的渴望。而债权众筹对他们来说，则分散了风险，还获得了高利润。

对募资人来说，有时候向身边的人开口借钱并不适合，所以假如有一个成熟的平台能尽快给自己筹到钱，将是一个非常好的选择。只需要按时还款，还不用担心借款人天天向你催债。

当然，在平台互惠双方的同时，如何建立借款人信用规则成为了平台的首要任务，这也是平台的价值所在——要为投资人做好完整的风险控制，建立平台风险资金池，完整保护好投资人的利益。当下人人贷面临的最大风险就是信用风险，假如没什么条约制约贷款人，那么贷款人潜逃的可能性就大一些。因此，随着平台的规模越来越大，只有风控制度越来越规范，才能避免大量的坏账产生。

2. P2B

P2B 是个人对企业的一种贷款模式。P2B 网站处于起步阶段，比较有代表性的有"爱投资""积木盒子"，还有一个是"宜信"，它是做 P2P 起家的。2014 年 9 月宜信上市了一个针对中小企业债的产品，本质上是把 P2P 从个人投资者募集的钱投到它成立的资金里，然后再去找经过它审核的中小企业的借款人。这也是一种 P2B 的表观。

纵观当下众筹市场，债权众筹的市场体量非常大，因为现在的债权众筹面向的企业是银行贷款以及 VC（Venture Capital，风险投资）、PE（Private Equity，私募股权投资）涉及不到的那部分企业。目前中国有很多既不符合 VC、PE 投资，又在银行贷不到款的网站贷。像宜信等中小企业债，在企业申请一周内就可以放款，效率极高。

但是债权众筹很容易触碰到"非法集资"的红线，故目前已经明确规定为银监会监管。监管的主要解释为："明确平台本身不得提供担保，不得归集资金搞资金池，不得非法吸收公众存款，更不能实施集资诈骗。建立平台资金第三方托管机制。平台不直接经手归集客户资金，也无权擅自动用在第三方托管的资金，让债权众筹回归撮合的中介本质。"这意味着债权众筹应当尽到一定程度的审核义务，并向借贷双方当事人进行充分的信息披露和风险提示。对出借人而言，其不应过分追求高利率的借贷回报，应当综合考虑利息收入和资金风险，做出理性的投资选择。

（四）公益众筹

公益众筹就是依靠众人的力量，汇聚更多的爱心，短时间内筹得一定数额的善款，用于公益活动。目前，在专业以及综合类的公益众筹平台一共有 164 个成功的公益项目中，95% 是来自综合类的众筹网站。筹款的金额超过 669 万元。2014 年发布的中国网络捐赠报告当中显示网络捐赠超过了 5.2 亿元，众筹比例约占到整个网络捐赠的 1%。

当公益遇到众筹，优点是显而易见的。它可以为个人发起公益项目提供平台，帮助很多年轻人实现有趣大胆的公益梦想，另一方面也降低了公益机构募资的门槛。同时，众筹对公益机构的能力有提升作用，特别是有商业背景的综合类的众筹平台，对项目的筛选和指导可以用商业思维提出有效的建议。另外，众筹平台对信息披露的充分性有比较高的要求，所以可以推动公益行业的透明、规范。

｜众筹的本质是什么｜

说到众筹，多数人习惯把它看成是一种商业模式，但在我看来，它绝不是一种商业模式这么简单。众筹的本质应该是一种思维，筹人、筹智、筹资源才是众筹的本质，如图 1-6 所示。

（一）筹人

众筹并非单纯筹到钱，而是拥有五位一体的颠覆力量，也就是说你的产品或服务每众筹一个人，这个人将有五大身份：第一个身份是你的消费者，第二个身份是你的传播者，第三个身份是你的销售者，第四个身份是你的投资者，第五个身份是你的产品或服务的研发者或建议者。

许多众筹项目的投资者，往往是数量庞大的互联网用户，由于他们看好项目并投入资金，自然愿意体验自己看中的产品或服务，并贡献自己的智慧，为产品服务提供建议，从而成为项目的研究者与消费者。

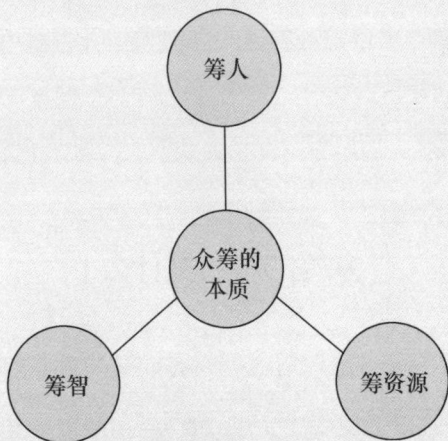

图1-6 众筹的本质

而众筹的投资者都是非常看好项目才愿意投资的，这些投资者几乎都会成为众筹项目的粉丝。这些粉丝自然成为众筹项目的传播者，尤其是铁杆粉丝，往往见人就宣传相关产品，从这个意义上讲，他们又是销售者。

当兼具这五大身份的人更多地参与到你的众筹之后，你就拥有了颠覆市场的力量，筹钱自然就成了水到渠成的事情。

筹"人"筹的是3种人，如图1-7所示。一是有社会资源的人，这与下一段将要谈到的"筹资源"是一样的道理。

二是有粉丝的人。2013 年，小米用半年的时间就创造出了 2012 年全年的业绩——总共售出 703 万台手机，仅上半年营收就超过 2012 年的 126 亿元人民币，达到 132.7 亿元人民币。这一切都离不开米粉的支持，由此也可看出粉丝群是一股多么庞大的力量；三是热爱你的人。一个人对偶像的认可，那种因为真心到盲目而迸发出的热情是不容小觑的。

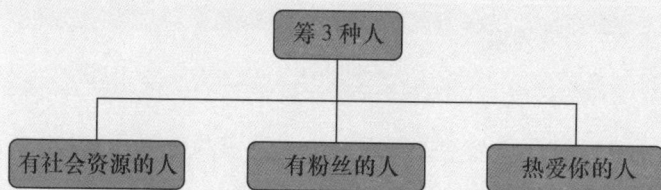

图 1-7　筹 3 种人

假设你要开一家咖啡店，此时你拿出 10 万的股权，筹集 10 位自然人股东。这些人也许是企业家，也许是商业精英，也许是名人。众筹结束后，召开股东会议，让每个股东动用他们的资源进行宣传推广，并让他们号召朋友粉丝来店里消费。这比没有众筹环节，花 10 万元开一家店，然后雇用员工去销售，要轻松多了。通过众筹的方式，让产品先有用户，先去传播，可以极大地降低企业的风险，提高企业的影响力。

（二）筹智

筹智有两点要求，一是要建立筹智的机制，二是要筹到有智慧的人。对于筹集有智慧的人这一点想必大家没有什么疑义。那么建立筹智的机制是什么意思呢？正所谓高手在民间，"宋小蜜"之所以有源源不断的新产品产出，就是得益于这种机制。在"宋小蜜"，假设合伙人对某款产品的包装、营销提出建议并被采纳，那么扣除成本的所有利润将会和公司均分。如此一来，自然会吸引越来越多的人建言献策，也就成为产品创新不竭的源泉。

（三）筹资源

所谓筹资源，其实与一直炒得火热的"资源整合"有异曲同工之妙。资金是资源，渠道是资源，项目、人脉甚至一个空置的厂房都是可堪利用的资源。一位企业家，他虽然没有本钱，却可以动用全国资源，甚至影响全球资源流向。金融企业家和产业企业家运用少量资本，就可以借助金融体系支配大量别人的资产。所以，资源是可以成为人民币的。

众筹筹的是两类资源：一是与项目有关联的资源，二是能马上产生利润的资源。比如你要开咖啡店，假设现在资金、人员、技术都准备得当，就差个地段好、环境佳的店面就能正式启动项目，那么此时拥有这样一家店面的人就是你需要众筹的对象。

Chapter 2

众筹在中国之行

| 众筹之中国发展 |

自 2009 年 4 月，美国 Kickstarter 网站诞生，标志着众筹的开启。2011 年，这种全新的商业模式来到中国，因其较低的准入条件和广泛的融资渠道，众筹模式一来到国内便获得了众多中小公司的青睐，"点名时间""众筹网""追梦网""京东众筹""淘宝众筹"等关注不同领域的众筹网站或平台应运而生，尤其是 2014 年，更是被业界称之为众筹元年。伴随着互联网金融在生活领域的不断延伸，众筹模式已经成为继 P2P 之后国内互联网金融的又一种新模式，未来将具有更广阔的发展空间。

2011 年，一个在北京学电影、名叫冯志伟的台湾男孩在众筹平台"点名时间"上发布了一个筹资创意项目——《女孩的真心话》访谈系列。因为性格的关系，俗称"宅男"的他一直在寻找没有女朋友的原因，他想随机访问北京和台北的女孩，关于搭讪、暧昧、亲密关系、同居、出轨、金钱观等话题，并最终以视频的方式呈现。他希望将这些视频内容剪辑成为一套视频系列，他给提供 50 元以上支持者的回报是一套限量发行、包含整套访谈系列的 DVD，还可以在视频片尾字幕中放一句祝福或最想说的话送给家人或朋友。《女孩的真心话》上线当天就完成了所需的目标资金。最终达成原定目标的 165%，总共获得了 4962 元的资金支持。可以说《女孩的真心话》的筹资成功拉开了国内众筹的序幕。

随着"点名时间"这一众筹平台的出现，"众筹"概念在国内也开始急剧升温，特别是 2014 年，众筹俨然成为了互联网金融融资的"头号宠儿"。P2P 火了一把后，众筹登上了风光的舞台。BAT 大佬纷纷进驻，就连电商巨头京东都参与了进来，众筹的市场上可谓热闹无限。在 2015 年 6 月 28 日举行的第二届上海互联网金融博览会高峰论坛上，众筹家发布《中国众筹行业报告 2015(上)》称，截至 2015 年 6 月 15 日内地共有众筹平台 190 家，剔除已下线、转型及尚未正式上线的平台，平台总数达到 165 家。

2015 年 3 月发布的《国务院办公厅关于发展众创空间，推进大众创新创业的指导意见》中，开展互联网股权众筹融资试点，增强众筹对大众创新创业的服务能力，成为重要内容。由于众筹模式在中国当前的大环境下拥有诸如缓解小微融资难，鼓励创新创业；丰富投融资渠道，刺激金融创新；引导民间金融走向规范化，拓展和完善多层次资本市场；分散融资风险，增强金融体系的弹性和稳定性；创造就业机会，促进技术创新和经济增长等一系列天然优势。这些都是众筹火爆的重要因素，众筹在我国将有强大的爆发力以及良好的前景。

| 众筹，不可打无准备之仗 |

随着众筹在国内的极速升温，越来越多的众筹平台如雨后春笋般涌现。在这些众筹平台上，我们看到了越来越多的众筹项目，但这些项目的众筹成功率却普遍不高。那么，众筹行业在发展，却为什么有那么多的众筹项目无法获得预期的成功呢？

因为决定众筹成功与否的因素，除了产品（项目）本身的质量（潜力）外，还有一些其他因素，如项目包装、宣传、推广等都是不可忽视的重要因素。很多众筹项目还没有开始，就已经注定了失败的结局，因为没有做好充分的准备。

俗话说："好的开始是成功的一半。"其实在众筹中80%的工作都已经在众筹项目发布时完成了，很多众筹案之所以失败，绝大部分的原因是前期没有做好相应的准备工作（见图 2-1）。

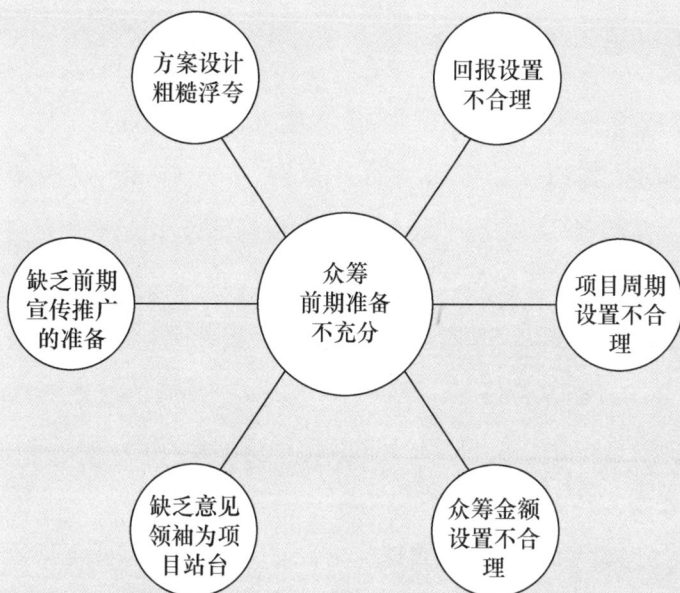

图 2-1　众筹前期准备工作不充分的 6 个方面

（一）方案设计粗糙浮夸

好的文案是项目成功的基础。点开各家平台上的失败

案例，首先发现的一个共同特点是众筹方案设计得粗糙随
意，难登大雅之堂。

对于回报类众筹来说，基于互联网的传播链条本身是
极为缺乏信任基础的，平台用户对项目的筛选与选择，第
一点便是看项目的介绍文案。可以说，项目文案是众筹项
目的脸面，不好好收拾收拾怎么能出门见人呢？

项目文案需要包括项目介绍、项目发起人介绍、发起
动机、项目回报等多方面的内容，这些内容交织而成用户
对项目的信任基础。很多项目发起人估计只是简单地将众
筹平台作为自家产品除电商外的又一个宣传阵地，在文案
上甚至直接将电商平台上的文案拿来使用，读起来毫无情
感，冷冰冰的腔调又怎能让用户放心舒服地去购买你的产
品呢？而反观成功的众筹项目，在文案设计上注重"讲故
事"，增加用户好感；重视细节处理（产品展示图文并茂，
配合视频推广），增加用户的视觉感知；善于琢磨用户购买
心理，引导用户买单。

（二）回报设置不合理

观察失败的众筹项目，其项目回报很多只有一个价格、
一个产品而已。而众筹恰恰是要调动用户的参与感，通过
参与，构筑用户的归属感，从而让用户自发产生获得回报
后的荣誉感和成就感。

好的众筹项目，其回报不仅是多档位的，更加注重物质和精神奖励相结合。常用的方式是设置有创造性的小额回报。虚拟击掌以及 T-shirt 这类的回报已经过于泛滥了，为什么不在小额回报中增加更多的可能性与更实在的回报呢？

（三）项目周期设置不合理

极少情况下，项目的周期需要 45 天。数据显示，30 天周期的众筹项目最多也最受欢迎，因此系统默认就是 30 天。众筹不是卖货，时间长并不代表收获多。

众筹的周期要能给浏览者一些紧迫感，相反时间设置得很长，就缺乏了紧迫感，浏览者有时候还会考虑是不是要过一段时间再来支持你，结果往往把要支持你的事给忘了。

（四）众筹金额设置不合理

第一次发起众筹的人，需要谨慎考虑众筹的目标金额。初期的众筹更多的是试水，可采用分阶段的众筹方式，第一次众筹尽量选择轻体量的方式，在成功后不仅可以为下一轮众筹背书，更容易获得媒体的青睐。

媒体喜欢用这样的字样来报道一个项目："只用 1 个小时，就完成项目的 30%""只用 2 天就完成项目目标"。你很少会看见："×× 项目，第一天完成了 5%。"

（五）缺乏意见领袖为项目站台

奖励类的众筹更多的是冲动性消费。让用户认可你的产品或服务，除了设计一份漂亮的项目文案外，缺少不了意见领袖对于项目的背书作用。在互联网上传播的众筹项目，成功案例中总有一个"人"是可信赖的、值得支持的、让人愿意为其梦想买单的。意见领袖就像众筹项目的心脏，是决定项目成功与否的第二个关键。

众筹项目的意见领袖有很多，可以是与产品相关的公众人物，可以是"公司法人"，但更多时候，意见领袖是项目发起人自己。区别于电商的直接购买，众筹更多时候会考量项目发起人的项目动机，将对人的信任和兴趣与其项目绑定，是众筹项目信任感和参与感的一大来源。用户更愿意将钱投给一个鲜活的人物，一个他们所喜欢的角色，而并不是冷冰冰的一纸回报。

很多失败的项目，其发起人大多比较腼腆，藏在文字背后不出来，抱着琵琶不露面，这难免让人觉得不放心。借用一位众筹玩家的话来说："我都不知道你是谁，我怎么知道你把我的钱拿去干什么呢？"

在设计众筹方案时，需要将发起人作为意见领袖融入其中，让项目变得鲜活，感人的同时，赢得信任与支持。

（六）缺乏前期的宣传推广准备

一个好的众筹项目，前期需要做大量的准备工作。你需要确定合作曝光的媒体组织，确认他们可以发布你的项目链接，作为大众参与到你的众筹项目的一个入口。成功的众筹项目缺少不了媒体的曝光，而失败的项目则无一例外缺乏这一点。众筹网站上那些在很短时间内就完成项目或者完成大部分项目目标的，基本上都是在众筹之前就联系好了媒体，并且已经有了数目可观的追随者。在项目发布后再去联系媒体，效果一般很差，因为你的项目已经开始了，媒体已经能看见你的数据了。结果数据表现得不好，媒体就很难报道你了。因为所有人，包括媒体都想成为成功案例的一部分，而不想成为失败案例的一部分。

"兵马未动，粮草先行"是自古以来用兵的老规矩，这一点与众筹如出一辙。如果你想让你的众筹项目成功，也要"粮草先行"，做好充分的准备工作，不打无准备之战，才能马到成功。

｜众筹中的推广：酒香也怕巷子深｜

或许，在很多创业者看来，只要找到一家不错的众筹平台，发起筹资活动，就能吸引媒体的关注，迅速筹集大量的资金，就如同变戏法一样变出一家公司；或者，在很短的时间内实现自己的梦想。

如果你有这样的想法，我不得不直白地告诉你，这有些像是白日做梦了，要知道众筹平台可不是自动取款机。当然，你也许会认为自己的运气不错，说不定能撞上大运。实际上这种概率是非常小的，就像中五百万一样。

这听起来好像很好笑，但事实却是，很多项目发起人本身对于众筹并不了解，寄希望于平台帮其达到募资金额，认为众筹项目挂到众筹平台上后，自己便可以悠哉游哉度个假，等一个月后在平台拿钱了。如果你真的这么想，那就大错特错了。在这里，我不得不告诉你一个可怕的数据，众筹发布后，平台只能给你带来 10% 左右的流量，其他的90% 流量都得靠你自己去想办法。

你应该认识到，众筹平台只是一种让你能够接触到很多潜在资助者的更有效的方式，这比过去给他们挨个打电话或者亲自会面要强得多，但你仍然要推销自己的想法。

在综合分析国内国外众筹项目的成功经验中，我们可以清楚地看到，成功的众筹项目，其筹资金额开始阶段20% 以上的资金，都是由项目发起人动员自己的亲朋好友，并不断在自己的社群中传播推广而获得的。20% 的资金支持是一个槛，过了这样的一道槛，项目得到了更好的传播，同时在平台上增强了潜在用户对于项目的可信度认知（至少还有那么多人支持了）。

而在获得了 20% 的资金之后，再借助众筹平台的公信力与影响力，进行陌生人之间的推广传播，项目发起人自己设计推广方案，有计划、有方法地推广，项目才有可能最终成功。试问，如果你的亲戚朋友都不愿意支持你的这个项目，又怎么能苛求其他人支持你呢？

由此可见，众筹并非"酒香不怕巷子深"的活动。在项目上线之前，你应该准备好一套营销方案，弄清楚该如何进行宣传推广。你应在预售之前，就和关注者谈论你将提供的产品，向他们汇报项目的最新进展，让他们在项目还没有上线之前，就已经对你的产品产生兴趣，为接下来的营销做好铺垫。

众筹营销的方法有很多，营销的工具也多种多样，对于在线众筹而言，我认为最好的一个营销工具就是视频。当然，视频不可粗制滥造，如果你做的视频无法令人激动，不做也罢，要做就一定要足够吸引人，让人们主动跟自己的好友分享，并最终掏钱支持你。做视频这件事是马虎不得的。

总之，大家应该认识到：众筹平台在众筹中的作用只是作为信任的基础保障以及项目资金的风险控制，同时作为联动的推广宣传方，对于众筹项目来说，只有项目发起人自己足够重视，花足够的时间和精力来推广传播，项目才有可能获得最终成功。

| 众筹之后，粉丝是刚需 |

简单地说，众筹就是搭建一个平台，汇聚各个小个体的力量来完成一个项目，并让参与的小个体从中获得利益，如图 2-2 所示。

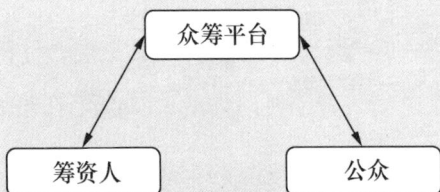

图 2-2　众筹平台作用

那么，众筹了，成功了，筹到钱了，接下来该怎么办呢？不要以为到此就万事大吉了，接下来要做的工作才是最重要的，即把你的投资人当作粉丝来经营。无论你的投资人是大众投资人或是在股权众筹网站上找到的潜在客户投资人，你都应该时刻保证你的投资人参与到你的工作中，随着企业的成长，让他们获得参与感。

因为粉丝的力量实在是太强大了。古语有言，水能载舟亦能覆舟。在这里，粉丝就相当于水，你的船能否行得稳、行得快，就看你的粉丝的支持力度。关于粉丝的力量，我们通过小米的营销事件就能真实地感受到。

至于粉丝的力量到底有多大？恐怕没有人能够准确预测，哪怕是牛顿在世，也未必能计算出粉丝的力量究竟有多牛。就拿我们熟悉的电视节目《爸爸去哪儿》《奔跑吧，兄弟》来说，它们为什么能够那么火？在不断飙升的收视率背后隐藏的是参与节目众明星身后各自为阵的粉丝团的支持。

所以说，众筹并非一次性的交易，如果你认为拿到钱就意味着众筹成功了，那就大错特错了。因为那些拿了钱就撒手不管的项目发起人是不可能成功的，也许你拿到了众筹的资金，你可以顺利出货，但如果你不能很好地管理你的支持者社群，你的产品同样没有多大的发展空间，最终将夭折在成功之路上。

同时，你的产品众筹成功了，并不代表你的产品就是完美的。在科技手段日新月异的今天，你可能很快就要对你的产品进行升级换代，而你与大众投资人这种持续不断的沟通，与他们分享新的信息，将能获得他们更前沿的帮助和指导。一方面，就算你暂时没有继续筹资的计划，也能让你的产品精益求精，更加满足用户的需求；另一方面，如果你还想进行下一轮众筹，就能为此打下坚实的基础，当你需要更多的资金时，他们也会同样对你投来支持，否则就是一次性交易，下次他们一定不会对你进行投资了。

此外，与投资人建立起稳固的关系，还有另外一个好处，那就是当公司经历危机的时候，他们和投资人之间良好的关系将会成为企业的救命稻草。尤其是你的投资人就是你的客户的时候，情况更是如此。如果你和大众投资人之间建立起了稳固而良好的关系，他们就会为你提供各种支持，即使在企业出现问题的时候，他们依然会支持你。

| 中国众筹市场发展现状分析 |

中国从来不缺乏技术上的创新，每年都有很多高科技企业进驻北京海淀科技园，但真正能够做大做强的很少，缺乏创业资金是非常关键的制约因素，众筹的出现则解决了高科技、高附加值企业的资金供给不足的难题。用金融创新带动产业结构优化，进而实现产业升级，这也是国家经济发展的方向。

从这个角度讲，众筹确实是解决小企业融资难和民间资本乱象的有效手段。但是眼下，众筹在中国才刚刚起步，还存在着许多方面的问题，主要表现在以下几个方面。

（一）法律体系不健全

众筹要在中国得到更大程度上的发展，在法律层面主要面临两个问题。一方面对于众筹模式来说，首先要在法律上给予正名。国内众筹业在头顶"互联网金融的创新力量"桂冠的同时，还要极力撇清自己与"非法集资"的关系，这是一种何等尴尬的处境。

我国《刑法》第一百七十六条"非法吸收公众存款罪"限制了民间的集资行为，股权众筹的项目如果没有得到有关部门的审核批准，很有可能被界定为非法集资。2011年我国最高人民法院出台的《关于审理非法集资刑事案件具体应用法律若干问题的解释》对《刑法》第一百七十六条规定的"非法吸收公众存款或者变相吸收公众存款"做出了更为具体的界定，如果同时符合以下4个特征的经济行为将会被认定为非法集资：

（1）未经有关部门依法批准或者借用合法经营的形式吸收资金；

（2）通过媒体、推介会、传单、手机短信等途径向社会公开宣传；

（3）承诺在一定期限内以货币、实物、股权等方式还本付息或者给付回报；

（4）向社会公众即社会不特定对象吸收资金。但未向社会公开宣传，在亲友或者单位内部针对特定对象吸收资金的，不属于非法吸收或者变相吸收公众存款。

基于这样的法律条件，我国的股权众筹的发展游走在一个灰色的地带，并以多种方式规避法律风险。但这毕竟不是长久之计。这个问题如不尽快加以解决，众筹在中国的前景将更加令人担忧。

2014年12月18日，中国证券业协会发布了《私募股权众筹融资管理办法》。该征求意见稿就股权众筹监管的一系列问题进行了初步的界定，包括股权众筹非公开发行的性质、股权众筹平台的定位、投资者的界定和保护、融资者的义务等。假以时日，随着众筹的不断发展，中国政府对众筹行业的规范也会日益完善，为日后更大规模的融资市场提供了制度保证。

（二）信用制度不完善

我国众筹虽已运营5年，但仍缺乏成型的监督资金使用的规范和标准，出资人的权益得不到法律保障，全靠被资助者的自觉与良心来管理运用这些筹资。在产品没有制作出来之前，出资人该如何弥补法律空缺，如何通过网络平台投资，如何在一个虚拟环境里保证诚信，是任何一个出资人首先需要解决的问题。

与国外健全的信用机制不同，由于中国信用制度仍处于建设阶段，导致国内互联网的信用监控机制比较脆弱，欺诈现象屡有发生。虽然创投平台往往在投资人和筹资人之间安排第三方交易资金，但增加了交易成本，且第三方监管能力有限，不足以保障平台两方的资金安全及项目稳定。

（三）投资习惯不适应

众筹在发展中国家普遍遭遇水土不服，原因在于国家间文化背景和投资习惯的差异。众筹是美国的创投业发展到较高程度后的金融创新成果，在西方国家有更高的接受度。但东西方的文化差异、发展中国家和发达国家的经济差异都是阻碍众筹推广的因素。

一方面，吸引的投资人有很明显的时代特征，即熟悉互联网、具有开放思维、积极接触新事物等，而这群人的投资能力却非常有限。另一方面，我国居民投资特点是相信亲友介绍，人际关系在中国的各行各业中都十分重要。非专业出资人通常偏好在自己的社交圈里投资，网上投资很难被接受。投资习惯的转变需要一定的过程，正如网购的发展改变了消费格局和居民消费习惯一样，如果众筹的优势能够随着其产业自身的发展逐渐改变投资业的格局，那么，国民的投资习惯自然也会随之改变。但在当前阶段，国民的投资习惯确实不利于众筹的普及和发展。

（四）众筹平台功能缺失

虽然我国众筹平台发展至今已初具规模且出现垂直分化，但总体而言平台质量较低，缺乏创新，平台的相关服务、信息公开和规则制定等功能缺失。众筹搭建的是连接投资人和筹资人的桥梁，平台需提供网站、服务、规则和秩序。

目前中国多数非股权众筹服务商都简单地照搬国外的网站，却不提供出资人所期望的服务和保障，这是一种投机取巧却没有生命力的短期行为。众筹和其他创业投资的形式一样是舶来品，在国内运用需要完成本土化，适应我国的发展环境，积极改良和创新。单纯复制网站而缺失配套的服务，导致大量质量低劣、毫无新意的众筹平台充斥市场，是众筹发展的一个突出问题。

（五）众筹模式职能错配

由于法律对众筹模式还没有明确概念，众筹网站目前所有项目很难以股权或资金作为回报。项目发起人在极少情况下向出资者许诺任何资金上的收益，多数以实物、服务或者媒体内容等作为回报，这导致了非股权众筹相对于股权众筹占绝对的优势地位。所以在目前的法律环境下，大众作为投资人更多时候完成的不是一个投资行为，而是一个带有赠与性质的购买行为，表现为对满足消费者特殊需求的特定产品的预购，造成了众筹的职能错配、投资功能的扭曲。模糊投资和消费的边界在短期内对推动众筹普及有一定的好处，但从众筹是创业投资的创新手段这一角度而言，不利于众筹的长期发展。

股权众筹在国内缺失会使产业体系先天不足，投资人无法获得股权回报使得资金退出机制缺位，追加投资渠道和项目增值受阻，使得众筹后天发展不良。所以众筹模式如果不能在法律上确定概念，划清边界，则面临职能错配进一步加深、产业畸形发展的危险。

（六）项目融资成功率低

目前我国众筹平台上的项目融资成功率在 50% 以下，与其他创业投资模式相比也许并不低，但考虑到非股权众筹的项目多为风险较低的创意文化产业，这个数字就并不尽如人意了。其主要原因在于众筹网站上的大部分创意无法产品化，并不适合中国市场。

一方面，众筹平台的性质决定了无法避免创意被抄袭的风险，项目发起人很难保护自己的智力成果，优质项目的进入难度提高；另一方面国内出色的原创产品和高级开发人才不足，导致项目总体质量不高，出资人也不愿意为雷同的设计买单。

（七）项目筛选机制不健全

通过众筹网站筹资，偶然性很大，项目发现的长效机制、收益分析和风险评估机制还没有建立，项目质量没有科学的考核标准，筹资人主要依赖口碑效应和粉丝消费拉动投资；而投资人更像保守的消费者一样在自己熟悉的领域预购产品。项目发现渠道的多样和畅通是投资的关键，如果质量高、潜力大的众筹项目被埋没，而话题性和知名度高的项目能筹集到资金的话，很容易使得筹资人哗众取宠、急功近利，而投资人也投机逐利，众筹的整体发展就会面临更加严峻的问题。

（八）大众对众筹认识不足

由于中国各地之前出现的民间借贷引发的跑路现象和对一些集资诈骗案件的处罚，使社会普遍把众筹与非法集资联系起来，一听到众筹立刻联想起非法集资。再加上中国社会的诚信体系尚未完全建立，社会普遍存在信任感缺失的问题，所以这些因素都对众筹的发展不利，众筹是基于信任而产生的，没有信任就没有众筹的基础。

Chapter 3

众筹前，如何做好项目规划

| 产品品牌塑造策略 |

通过以上的讲解，我们知道众筹最初是艰难奋斗的艺术家们为艺术创作筹措资金的一种手段。如今已然演变成初创企业和个人为自己的项目争取资金的一个通道，也是一个项目前期进行市场营销和市场测试的一种有效手段。在众筹开始前做好项目的规划，设立目标、方向、原则与指导策略，对项目的成功具有决定性意义。

众筹前，规划项目之一——产品品牌的塑造。产品品牌是一种识别标志、一种精神象征、一种价值理念，是品质优异的核心体现。培育和创造品牌的过程也是不断创新的过程，自身有了创新的力量，才能在一堆同质化的众筹商品中脱颖而出。

品牌定位是品牌塑造的前提，没有正确的定位只能使品牌塑造越走越偏，无法达到预定的效果，因此，我们首先需要对自己的品牌进行清晰的定位。而品牌的定位就是消费人群定位，例如，鳄鱼服装瞄准的是高收入阶层，奔驰车主要是针对高收入阶层，大宝化妆品的目标人群是工薪阶层。

所以说，企业确定了产品的目标人群，也就决定了品牌的定位，从而决定了企业战略和营销策略。我有一个卖茶的朋友，他给自己的产品定位的标签是原生态。我问他这个品牌的目标群体是哪些人，他的回答是所有爱喝茶的人。这就好比是一个男人把所有的女人都视为他的女朋友，如果是这样，这个男人到最后一定连一个女朋友都找不到，因为他无法与全世界的男人竞争。

在市场分化的今天，任何一家公司和任何一种产品的目标顾客都不可能是所有的人，对于选择目标顾客的过程，需要确定细分市场的标准，对整体市场进行细分，对细分后的市场进行评估，最终确定所选择的目标市场。

品牌有他的专属区间定位，包括"宋小蜜"。蜂蜜在我们的生活中其实是很普通的，如何才能让"宋小蜜"成功，就要细分市场，打造独有的品牌。由于父亲的缘故，我开始成立团队进行销售。在真正开始销售前，我分析了福州过去 10 年的蜂蜜产业。过去 10 年，市场化的蜂蜜其销售渠道都在超市和专卖店。由于蜂蜜不是刚需，而专卖店的经营成本太高，难以生存。所以，绝大部分的蜂蜜还是通过商超来销售。但是去商超的人群相对比较固定，商超每一年的销售额也是固定的。

假设永辉一年的销售额有 3000 万元，如果只有 A 进去了，B 没有进去，A 就赚了。AB 同时进去，就要利益均分。当市场份额有限的时候，如果又有第三个品牌介入，就会扰乱这种平衡，这时候 AB 是会联合攻打第三品牌的。过去蜂蜜企业失败是因为内部竞争严重，竞争严重是因为渠道趋同，渠道趋同意味着大家的目标客户都一样，所以就会出现相互打压的情况。

如何在竞争中找到自己的立足之地，其实远远不如自己开辟一个全新的蓝海市场来得方便有效。那么，锁定目标群体就尤为重要。过去 10 年里，喝蜂蜜的女性多还是男性多？中老年人多还是年轻人多？自己买得多还是父母买得多？通过一系列的市场调查分析，最终"宋小蜜"把用户定位为这个时代的主流时尚消费群体——年轻女性，尤其是"80 后"、"90 后"的女生。这样一来，"宋小蜜"的目标客户跟市场上其他的蜂产品不再重叠，渠道也不一样，竞争压力就小了，胜出的概率就大大提高了。

当"宋小蜜"把目标用户定位为"80后"、"90后"的女生，接下来就要分析她们的需求点。这群年轻时尚的女性群体的需求其实很简单，无非两点：一是方便，二是美观。过去的蜂蜜瓶都是广口玻璃瓶或是塑料瓶。但是这两种蜂蜜的包装样式，都很容易黏在瓶口。用舌头舔掉，有失优雅，用纸巾擦，则越擦越黏。考虑到这一点，"宋小蜜"把蜂蜜设计成便携的小袋包装，就解决了这个问题。

至于美观上，除了请专业的设计团队来改良，我也想过用明星代言。但是，如果用周杰伦代言，那么，刘德华粉丝可能就不喜欢，也就意味着丧失了一部分的消费群。最后我决定直接塑造一个属于"宋小蜜"的卡通人物来当代言人，因为大部分女生都喜欢那些Q萌的卡通形象，而且卡通人物比起明星来更容易演绎，花费的成本也大大降低了。全网销量第一的坚果品牌三只松鼠，以及近几年风生水起的白酒创新品牌江小白都是如此。

如果想看的更远一点，就要站在巨人的肩膀上。很多时候，创业是需要自己摸索的，但摸索不等于盲目地去做，看看那些成功的案例，常常会令我们茅塞顿开，这就是站在巨人的肩膀上，让我们看得更远，少走了很多弯路，这样距离成功就更近了一步，不是吗？

|打造个人品牌，创造独一无二的市场优势|

产品品牌与个人品牌只有两字之差，两者之间有着怎样的亲密联系，又有怎样的不同呢？

个人品牌的提出，脱胎于产品品牌的说法，因此两者之间有很多相似之处。成功的个人品牌是和别人建立特殊的关系并向他人贡献价值的结果。正如最卓越的公司品牌因其可靠性受到尊重一样，只有当他人体验到推动你前进的价值观、愿景和目的时，你的个人品牌才能成功。而当你拥有了一大批追随者时，何愁你的项目不能成功呢？

打造个人品牌，取决于两个重要因素：一是发起人所做项目的价值取向；二是发起人所做项目品牌故事的演绎，如图 3-1 所示。

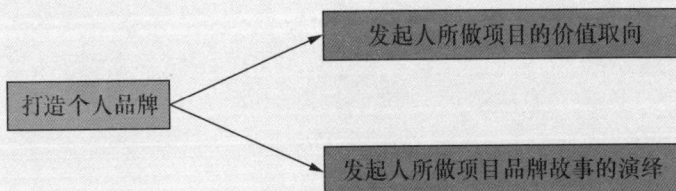

图 3-1　打造个人品牌两要素

（一）发起人所做项目的价值取向

生意和事业最大的区别是，生意销售的是产品或服务，事业销售的是愿景和使命；同样，企业老板和企业家重要的区别是，企业老板销售的是产品或服务，而企业家销售的是自己的"原点精神"，可以是做企业或产品的愿景、使命，也可以是企业文化，甚至是做人所遵循的价值观。

褚时健种的"褚橙"，首次进京就受到大家的狂热追捧，10 天间，单日销售纪录从 4 吨到 7.5 吨，并且一再脱销。褚时健的冰糖橙与北京水果市场的冰糖橙在食用的属性上，真有多大的不同吗？显然品种、品质都差不多。那么，为什么褚时健的冰糖橙卖得如此火爆呢？

"褚橙"的成功，恰恰是原点精神的成功，也就是说，大家购买的不是橙子，而是 80 岁高龄的褚时健老人创业的励志精神。这个案例也说明了项目发起人所推崇的价值取向是多么重要。

同样，罗永浩卖的是英语教育培训吗？不是。罗永浩始终把"认真"奉为圭臬，卖的是精益求精的价值取向。当罗永浩异想天开地宣布自己一个手机门外汉，却准备做手机的时候，他说："我不为了输赢，我就是认真。"立刻有一大批粉丝为他点赞，回应："你只管认真，我们帮你赢。"

提出一个引起消费者共鸣的价值取向不容易，更难的是企业未来的一切业务活动后行为举止都能不断强化和夯实你的价值取向，而不是说一套做一套，只有这样才能让粉丝持续对你上瘾，永远支持你！

（二）发起人所做项目品牌故事的演绎

相信大家或多或少都有看过一些国内的选秀节目，几乎无一例外地会将焦点放在参赛者的故事上，并将之放大。真正给你留下深刻印象的未必是选手的实力有多强，而是他的故事有多精彩。讲故事的比不讲故事的更有看头，会讲故事的比不会讲故事的更为引人注目，一场选秀节目演变成了故事大会，即便如此，人们还是看得津津有味，乐此不疲。这是为什么呢？

这是因为人都是感性的动物，当你的故事打动了他，让他产生共鸣的时候，他是会愿意支持你甚至成为你的粉丝的。所以讲一个好的故事对于个人形象的塑造是相当重要的。但是讲故事可能人人都会，讲述令人信服的故事，就不是那么简单的事情。

最寻常的做法就是为品牌的创立演绎一个精彩故事。通过品牌故事告诉外界：我们是怎么诞生的？我们是干什么的？这类的品牌故事有很多，如香奈儿、迪士尼、肯德基、福特……它们很好地展现了品牌或公司创立之初的动机。下面我以香奈儿为例，来看看它是如何讲述品牌故事的。

CHANEL（香奈儿）创办人 Coco Chanel 小姐，原名 Gabrielle Bonheur Chanel，1883 年出生于法国 Auvergne。Coco Chanel 6 岁时母亲离世，她和另外四名兄弟姊妹由姨妈抚养长大。

儿时的她入读的是修女院学校，并在那儿学到针线技巧。22 岁那年，她进入咖啡屋当歌手，并起名"Coco"，此时她靠歌厅和咖啡屋卖唱为生。在这段歌女生涯中，Coco Chanel 先后结交了两名贵人，一名是英国工业家，另一名是富有的军官。

1910 年，Coco Chanel 在巴黎开设了一家女装帽店。凭着非凡的针线技巧，她缝制出一顶又一顶款式简洁耐看的帽子。那两位贵人为她介绍了不少名流客人。当时女士们已厌倦了花俏的饰边，所以 Coco Chanel 设计的帽子对她们来说犹如甘泉一般。短短一年内，Chanel 小姐的生意节节上升。于是，Coco Chanel 把她的店搬到更时尚的 Rue Cambon 区，至今这区仍是 Chanel 总部所在地。做帽子绝不能满足 Coco Chanel 对时装事业的雄心，所以她进军高级定制服装领域。1914 年，Coco Chanel 开设了两家时装店，影响后世深远的时装品牌"Chanel"宣告正式诞生。

步入 20 世纪 20 年代，Chanel 小姐设计了不少创新款式，如针织水手裙、黑色迷你裙、樽领套衣等。而且她从男装上取得灵感，为女装添上多一点男儿味道，一改当年女装过分艳丽的绮靡风尚。例如，将西装褛样式加入"Chanel"女装系列中，又大胆推出"Chanel"女装裤子。不要忘记，在 20 世纪 20 年代女性是只会穿裙子的！

Coco Chanel 这一连串的创作为现代时装史带来重大革命。Coco Chanel 对时装美学的独特见解和难得一见的才华，使她结交了不少诗人、画家和知识分子。她的朋友中就有抽象画派大师毕加索、法国诗人导演尚·高克多等。Coco Chanel 小姐的年代正是法国时装和艺术发展的黄金时期。

除了时装，Chanel 也在 1922 年推出著名的 Chanel No.5 香水。Chanel No.5 香水瓶是一个甚具装饰艺术味道的方形玻璃瓶。Chanel No.5 是史上第一瓶以设计师命名的香水，而"双 C"标志也使这瓶香水成为 Chanel 历史上最赚钱的产品，在恒远的时光长廊上历久不衰！至今在 Chanel 的官方网站 Chanel No.5 香水依然是重点推介产品。大明星妮可·基德曼（Nicole Kidman）为 Chanel No.5 香水做的广告更是传为经典中的经典。

第二次世界大战期间，Coco Chanel 将店关掉，避居瑞士。1954 年，她重返法国，东山再起，以她一贯的简洁自然风格，迅速俘虏一众巴黎仕女。粗花呢大衣、喇叭裤等都是 Coco Chanel 第二次世界大战后时期的作品。Coco Chanel 在 1971 年去世后，德国名设计师卡尔·拉格斐成为 Chanel 品牌的灵魂人物。

自 1983 年起，卡尔·拉格斐一直担任 Chanel 的总设计师，将 Chanel 的时装推向另一个高峰。还有一处有趣地方堪可提及，就是 Chanel 品牌创立了接近 90 年，直至近几年才造了几件男装上市而已。

不难发现，香奈儿的品牌故事是围绕着创始人展开的，通过她的故事，让人们记住这个品牌。仔细观察众多成功企业，你会发现其实不只香奈儿，很多品牌故事都是如此。

因为当你把公司的运作归功于一个人的时候，比较容易编出一个好听的故事。除了创始人故事，CEO 的故事、团队的故事一样非常具有感染力。当你向外界宣传他们是精英、是天才、是冒险家……于是，他们的故事频频出现在公众的视野中，自然会吸引来一部分有相同兴趣、相同价值观的拥趸。

不过，并不是每个人都如乔布斯、褚时健那样自身有足够多的故事素材可以挖掘，但不能由于神话比现实有趣得多，就不惜歪曲现实编造完美故事。故事在被证明是谎言的时候，对品牌的伤害是非常大的。

| 商品众筹设计技巧 |

关于商品众筹设计，我主要和大家探讨两个问题：一是商品众筹设计的原则；二是商品众筹设计的操作流程。

（一）商品众筹设计的原则：让目标客户占尽便宜

消费者喜欢占便宜，而不只是便宜。占便宜，经常成为最后一秒成交的关键性因素。

麦肯锡做过一个调查显示：平均每3个想要购买名牌产品的消费者里，只有一个目前实际使用该品牌，消费者总是在最后一刻改变主意。本来想去买果汁，却买了冰红茶，因为正在促销；本来没想买这箱水果，却还是兴冲冲带回了家，因为可以送货上门……都是因为觉得"占了便宜"。

仅仅在价格上低于同类产品是不能打动消费者的，我们有一句俗语叫"便宜没好货"，到现在依然适用。这也是小贩们高高抬起价格，在消费者一通杀价后"忍痛"成交的手段屡试不爽的原因，因为消费者在这一过程中，享受到了"占便宜"的快乐。

再举个简单的例子。每年的"双11"，有多少人在便宜的伪装下，掏光了腰包，刷爆了信用卡，又有多少人把东西买回来之后，连看都不看一眼，就塞进了角落里。我认识一些女性朋友，每年"双11"之后，都大喊以后再也不买了，再买就剁手，可是每年她们都会买买买，之后再喊剁手。其根本原因就是抵制不住便宜的诱惑。而实际上，她们购买的商品也未必真的便宜。很多商家会在促销之前故意抬高商品价格，然后再以打折促销的方式卖出去，有时候销售价格甚至高于平时的售价，但消费者依然乐此不疲。究其原因，她们觉得自己捡了个大便宜，殊不知是上了个大当而已。

所以，在你保证不亏本或者亏本的范畴在你的承受范围内给予消费者最大的让利的同时，更要创造产品的价值感，如拔高形象、附加功能、配套服务和体验促销活动等，让消费者觉得物有所值。具体到商品众筹设计而言，应该注意 2 个问题，如图 3-2 所示。

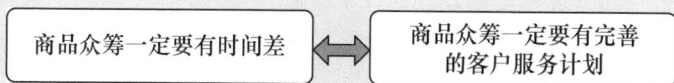

| 商品众筹一定要有时间差 | ⟷ | 商品众筹一定要有完善的客户服务计划 |

图 3-2　商品众筹时需注意的 2 个问题

1. 商品众筹一定要有时间差

在第 1 章我们提到商品众筹和团购的一个差别就在于，团购是一次性买卖，而商品众筹是先收钱后发货，存在时间差。而时间差最大的意义就在于，你可以通过这段时间和消费者进行互动沟通，尤其要听取他们的意见和建议，在适当的时机表达你的观点，这种类似售后客服的工作，能够有效提高消费者的满意度。

2. 商品众筹一定要有完善的客户服务计划

完善的客户服务计划是保证消费者满意度的关键。消费者通常会持续购买自己满意的产品，还会自发地对产品进行口碑宣传等，这对提高产品的市场占有率和品牌的美誉度有很大的作用。

有研究表明：96%的消费者遇到服务不周到的情况是不会投诉的，但90%的不满意消费者是不会再购买该公司的产品和服务，或将他们的经历告诉至少另外9个人，13%有过不满意经历的消费者会将他们的经历告诉20个人以上。这对产品和企业的后期发展是极为不利的。

（二）商品众筹设计的操作流程

商品众筹设计的操作流程，主要分为三大步骤，如图3-3所示。

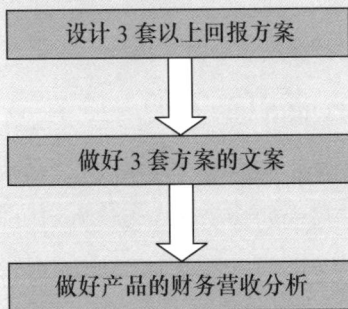

设计3套以上回报方案

做好3套方案的文案

做好产品的财务营收分析

图3-3　商品众筹设计的操作流程

1. 设计 3 套以上回报方案

从各大众筹网站成功的众筹项目中，我们可以看到，在低价区间，支持的人数是最多的，但决定项目是否成功的往往是高价区间的少数人。这说明长尾理论不太适用于众筹，更适用于众筹的是供需理论。

因此，回报的分级制定绝对是必要的。对于一般的万元级别或者千元级别的产品众筹，从低到高设置 3 ～ 5 个回报是最合适的。1 元抽奖也是各个平台很支持的一个玩法。

在此之后，根据你的产品属性，在百元以下、千元以下、千元以上万元以下的价格区间分别调研好相应的需求，以此决定价格区间还有限定的支持人数，同时，规划好你想给用户的东西和你能给用户的东西。

2. 做好 3 套方案的文案

有一阵朋友圈有一个段子特别火，是说互联网思维的，其中一句很经典："以前乞丐上街乞讨，现在叫众筹。"大部分人当个消遣笑一笑就过去了，实际上这就是众筹的精华所在。每天坐地铁都能看到的卖艺的和乞讨的。这工作也是有技术含量的，有些人赚的钱也不少，因为他们要钱的方式方法，以及选择的时机恰到好处，当然还有流量大的背景为基础。具体我就不展开了，非常建议大家在生活中留意这些人群，研究这些人群，不只是联系到产品的运营推广中有帮助，对我们理解这个世界也是很有帮助的。

很多众筹不成功的企业大都按照传统思维，直接把文案生搬硬套在模板上，都是类似的模板，你怎么能筹到钱呢？莆田系有一套相当成功的营销模式，我把它总结为五部曲：你有病、病很重、可以治、我有药、好多钱。简单来说，也就是制造冲突，然后提出解决方案。

还有几个要点就是要说清楚我是谁，使用户形成对众筹项目的第一印象。哪怕在医院旁乞讨的人都会描述出自己的遭遇来博取大家同情，同样，你也要让大家知道你的背景，对你肃然起敬。

你可能有很多标签，有各种成就，不过要字字如金，选择在这个项目上最能打动用户的点写上去。我要做一件什么事，不要藏着掖着，能说的都说出来吧。你要做的是什么事或者产品，创意是什么？质量如何？有什么意义？可以给人们的生活带来什么样的改变？颠覆了什么或是创造了什么？换句话说，这就是你线上的创业项目路演，可以类比商业计划书的结构。

与此同时，一定不要忘了设定预备方案，就是项目众筹成功后，若未正常交付应该怎么解决。在众筹项目的实际运作中，的确有大量的众筹项目会出现筹资成功却未如期交货，或者无法成功生产的情况。在特殊情况下，如果项目发起人无法完成或者无法按时完成，请及时与各位投资人联系，并积极公布项目情况以及解决方案。如果最终产品真的无法交付，项目发起人可以用退款或派送一些礼物等方式表达歉意。

3. 做好产品的财务营收分析

列出项目相关的财务预算，让你的支持者能够明白你的资金将怎么花、花在哪儿，你从什么地方盈利，多久能收回成本。这样一来，不仅能增强项目本身的专业度，更能让消费者产生信任感，让消费者买单。

| 手把手教你做股权众筹 |

股权众筹作为一种融资项目，自然需要包含传统融资项目商业计划书中的一些基础信息，如公司信息、团队信息、产品／服务信息、经营情况、未来规划等，这些都是老生常谈了。了解这些，并不等于就能做好股权众筹。接下来，我为大家详细介绍一下股权众筹的操作流程，具体包括以下几项内容。

（一）股权众筹方案基础设计

股权众筹方案基础设计包含的内容有很多，如项目介绍、发起人简介、企业项目核心竞争力、项目的商业模式等内容，下面就为大家做详细的介绍。

1. 项目介绍

介绍项目时，可以使用融资效果最佳的"用某种创新方法解决了某个用户痛点"的格式。其他必要信息包括项目名、项目简介、公司名、产品截图、项目网站、项目展示视频等。

2. 发起人简介

股权众筹的投资人很多时候看重的是"人"，而非"项目"。目前众多股权众筹平台上的项目大多是干巴巴的项目介绍，加上投资人对项目发起人并不了解，这很难激起投资人的兴趣。

这时候是否会讲故事，如何讲一个漂亮的故事，就显得尤为重要，这点在前面已经说过，这里就不再赘述。同时，一定要注意在故事中突出发起人与项目的专业相关性、在相关领域的经验积累程度以及对项目的热情，这些都是投资人审核评估的要点。

3. 企业项目核心竞争力

关于企业项目核心竞争力，需列出一二三，描述具体的优势，你的竞争壁垒在哪儿，不要讲空话和大话。说明或解释清楚项目所处行业的门槛，对于同业竞争，你怎么看待或者你准备如何应对？这将是所有投资人最关心的问题。此外，建议列举与你同处该细分行业内的同类公司（比如你的竞争对手）的成功融资案例，有利于增强投资人信心。

4. 项目的商业模式

商业模式是一个企业创造价值的核心逻辑，价值的内涵不仅仅是创造利润，还包括为客户、员工、合作伙伴、股东提供的价值，在这个基础上形成的企业竞争力与持续发展力，这也是投资人亟欲明确的关键点。要将项目的商业模式表达清楚，有两大创新工具可供参考使用，如表 3-1、表 3-2、图 3-4 所示。

表 3-1 商业模式画布模板

成本结构 即公司在实施商业模式过程中所引发的所有成本	重要伙伴 为实现其商业所需的供应商和重要的合作伙伴的网络	
	核心资源 即公司执行其商业模式所需的最重要因素	关键业务 即公司确保其商业模式运行所必须要做的最重要的事情
收入来源 即公司从每个客户群体中获得的各种现金收入	价值主张 通过其产品或服务所能向消费者提供的价值	
	客户关系 即公司同其他消费者群体之间所建立的联系	渠道通路 即公司用来接触客户的各种途径
	客户细分 你所服务的客户群体	

表 3-2 商业模式画布设计步骤

重要伙伴 谁能帮到你？ 8	关键业务 你如何做？ 7	价值主张 你给客户啥好处？ 2	客户关系 如何让客户愿意掏钱？ 4	客户细分 谁付你钱？ 1
	核心资源 你缺少什么？ 6		渠道通路 如何将价值送达客户？ 3	
成本结构 需要多少钱？ 9			收入来源 你有多少种赚钱方式？ 5	

商业模式画布创新模块

为谁提供————1、2————用户模式

如何提供————3、4、6、7、8————运营模式

提供什么————1、2————产品模式

成本，收益————9、5————收入模式

流程图法

商业模式设计符号图例

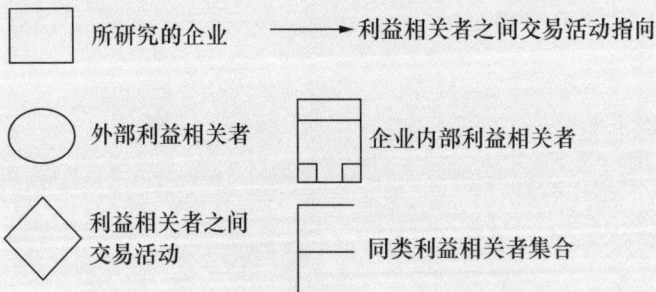

所研究的企业　　　　——▶利益相关者之间交易活动指向

外部利益相关者　　　　企业内部利益相关者

利益相关者之间交易活动　　　　同类利益相关者集合

"宋小蜜"文化创意产业园业务系统流程表

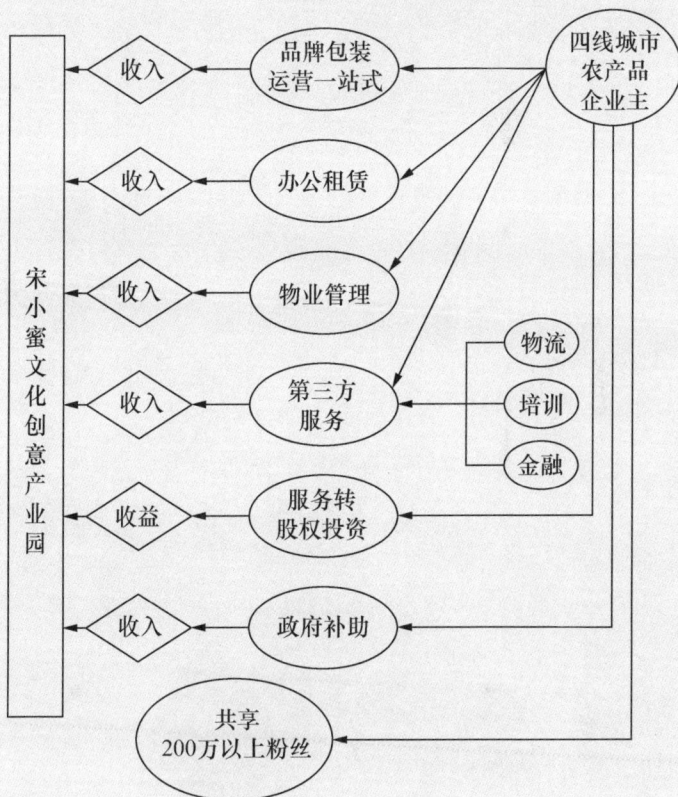

（二）运营团队介绍

除了项目的潜力外，投资人更看重团队的能力，所以团队成员信息非常重要。创业者需要填写的信息包括但不限于团队成员姓名、工作经历、创业经历、学历、优秀作品（尤其是技术方面的团队成员）。

有一点要注意的是，介绍团队最好不要超过 3 个人。因为人的信息接收能力有限，突出介绍最具代表性的核心人物，更能事半功倍。

（三）财务状况 / 收入模式

财务规划需要花费较多的精力来做具体分析，一份好的财务规划对评估项目所需的资金数量、提高项目取得资金的可能性是十分关键的。如果财务规划准备得不好，会给投资者以项目管理人员缺乏经验的印象，降低风险企业的评估价值，同时也会增加项目的运营风险。

首先，你要做好昨天与当前的财务报表，其中就包括现金流量表、资产负债表以及损益表的制备，如图 3-4 所示。

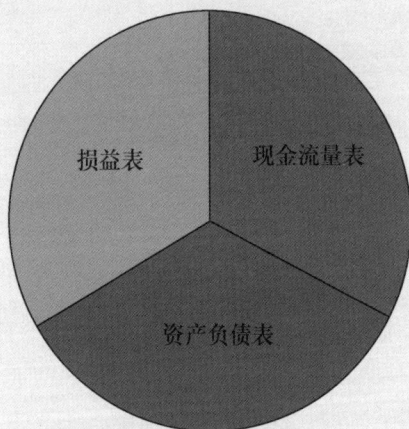

图 3-4　财务报表内容

　　流动资金是项目的生命线，因此在项目初创或扩张时，对流动资金需要有预先周详的计划和进行过程中的严格控制；损益表反映的是项目的盈利状况，它是项目在一段时间运作后的经营结果；资产负债表则反映在某一时刻的项目状况，投资者可以用资产负债表中的数据得到的比率指标来衡量项目的经营状况以及可能的投资回报率。

　　更重要的是取决于项目的远景规划——因为现在投资人不是要看你一罐蜂蜜卖多少钱，而是看未来的盈利点。如果，你的项目是着眼于一项新技术或创新产品就不可能参考现有市场的数据、价格和营销方式。因此，你要自己预测所进入市场的成长速度和可能获得的盈利空间，并把你的设想、管理队伍和财务模型推销给投资者。而准备进入一个已有市场的风险企业则可以很容易地说明整个市场的规模和改进方式。风险企业在获得目标市场的信息的基础上，可以对企业头一年的销售规模进行规划。

　　（四）项目的未来

　　对项目未来合理有据的预测，对投资人同样十分重要。如果预测的结果并不乐观，或者预测的可信度让人怀疑，那么投资者就要承担更大的风险，这对多数风险投资家来说都是不可接受的。此时，可以通过以下两种方式进行描述。

1. 数据测算

以"宋小蜜"文创创意产业园第一阶段的收入测算为例，"宋小蜜"创业园面积共 5 万平方米，1 平方米净赚 20 元，1 年就赚 1200 万元，10 年就赚 1.2 亿元。看数据呈现，投资人就觉得很清晰。

2. 概念阐述

若只是以概念阐述的方式，需要有足够的理由论证。例如，要说明新型环保材料的未来发展空间，可以借助世界碳排放报告、环境监测报告、国家领导人峰会报道等权威机构的报告与报道进行论证。

其实，项目所面对的市场是变幻不定的、难以捉摸的。因此，风险项目应尽量扩大收集信息的范围，重视对大环境的预测和采用科学的预测手段和方法。应该牢记的是，市场预测不是凭空想象出来的，对市场错误的认识是项目运营失败的最主要原因之一。

（五）股权众筹方案额外说明

虽然股权众筹项目和传统融资项目一样，都需要向投资人披露商业计划书，不同的是，股权众筹项目是面向大众募集，因此在信息披露方面需要更加完整、更加规范，除此之外，针对"众筹"这一特征还需附加一些特定说明。

1.融资额范围

股权众筹产品除了确定融资额度和出让股份外，还需定义众筹成功的融资额范围。股权众筹产品因其面向大众，所以很有可能融资少于100%，也有可能超过100%。如果融资额少于100%的情况下，哪种比例属可接受范围？低于多少将视为募资失败？需要在股权众筹产品设计时说明的。

举个例子，预期100万元出让10%股份，实际情况只融到60万元，项目方是否同意融资60万元，出让股份6%？同样，融资比例的上限设定为多少？高于多少的认筹将不再接受？这些也需要在股权众筹产品设计时明确。

2.股权众筹时间

传统融资项目商业计划书一般都不对外公开，因此在融资时间上没有特定的要求，融资方案可以根据时间推移和项目进展随时调整内容。然而，通过股权众筹的方式，其信息资料在有限时间内一般都不允许被更改，因此通常需要设定募资时间。

众筹期限一般为正式对外公布后的2个月内，同时还需要说明：如果时间到期而募资未完成，是否支持延长众筹时间？延长的期限为多久？等等。

3.领投人要求

目前众筹入股项目公司的方式通常为全部投资人共同

成立一个合伙企业，由合伙企业持有项目方的股权。执行合伙人将代表有限合伙企业进入项目企业董事会，履行投资方的投后管理责任。

执行合伙人一般即是众筹领投人，项目说明书上可以对其提出要求，例如，领投人必须是某领域专家、某认证协会会长、上下游某公司老板等，除此之外，对领投人的认筹比例也可以设定一个范围值。

4. 跟投人要求

除领投人之外的众筹投资人都称为跟投人，《合伙企业法》规定，有限合伙企业由2个以上50个以下合伙人设立，因此跟投人不能超过49人。但在实际操作中，项目方会根据自身情况来设定投资者人数范围，以及每位投资者可以认筹的额度范围。

例如，对于传播性要求较高的消费类项目，可以将每份认筹额设定低一些，投资者多，有利于传播。对于整合性要求较高的资源类项目，可以将每份认筹额设定得高一些，这样门槛高些，投资者虽然少了，但相对专业些。这些都可以根据具体情况来设定。

5. 诚信管理

投资人在确定了投资意向后，可能需要对项目进行多轮访谈，项目方也可以对投资人进行筛选，此时就涉及投资人优先权重问题。在签订了合伙企业协议之后，投资人才将投资款打入相应账户中，从意向到打款的整个周期较长，也会出现投资人变动等问题。

诚信管理有效地解决了该类问题，大大增加整个众筹过程的效率和规范性。不同股权众筹平台有不同的诚信管理机制，例如，诚信评分机制、保证金制度。云筹平台使用的是保证金制度，在众筹产品设计时可以设定缴纳保证金的投资人优先权机制以及保证金的退还机制等。

6.认筹投资人特定权益

投资人投资股权众筹项目，除了实现财务投资的目的，往往也是融资项目的忠实粉丝，他们通常有浓厚的兴趣参与到项目中来，成为前期种子客户或者 VIP 会员客户，或者提供特别的资源对接与帮助，这是股权众筹除了筹资金之外，极为重要的一方面。

因此，如何有效地运用首批资源，给予众筹投资人特定权益，也是众筹产品设计时最引人注目的一部分。例如，产品试用权、服务终生免费权、网站金牌会员、代理分销权等。

（六）寻找项目未来的合伙人选

选一个好的搭档，往往更能让你成功，如果选择错了搭档，就会使发展受到制约，所以，宣召项目未来的合伙人是非常重要的。那么，该如何寻找呢?

1. 在项目前期，针对项目的目标群体预热你的项目

如果你在两个月后要做股权众筹，那在两个月之前你要每天汇报你项目的昨天、今天、明天，不断地介绍自己的项目，让人觉得你的项目很好。

2. 在不同的圈子和领域推广项目领袖

任何一个族群都有一个一呼百应的领袖，如苹果的乔布斯、聚美优品的陈欧。向外推广项目领袖时，就有可能吸引到与其志同道合的投资人。

3. 在你的人脉圈中寻找

能买得起别墅的人，他们的身价和圈层是和普通白领隔开的。与这些人打交道，普通的置业顾问是很难应对得当的。此时已经不仅仅要向他们卖房子，而是要把这群人圈起来。

|未来股权众筹发展趋势|

我国的股权众筹市场在 2014 年经历了一轮高速发展阶段。同时，中国证券业协会在 2014 年 12 月 18 日出台了《私募股权众筹融资管理办法（试行）（征求意见稿）》（以下简称《管理办法》），明确了股权众筹的合法地位和重要意

义，这必将引导中国股权众筹市场走向更加健康可持续的道路。

据不完全统计，2014年到2015年，中国股权众筹平台由原先的32家跃升至130余家，从某种意义上讲，中国的股权众筹已经进入了全民众筹时代。大众投资者从股票、基金等资本市场之外，获得一种新的投资方式，掘取新的投资红利。而作为新创项目的发起人，则获得了更多的资金来源。

股权众筹的未来是光明的，其未来将走向3个方向。

1.TMT、科技类项目

科技类项目在中国大多由机构和大天使投资，但是由于互联网的深度催化，智能硬件和媒体类等项目越来越多，股权众筹弥补了几何数量与机构数量的差距，为这些项目提供了快速融资的渠道，并且附带很多后期推广资源。

2.PPP项目

由于地方基建融资压力，未来很多PPP项目将有可能转向民间资本的介入，本地化的PPP项目，如医院、学校等，拥有稳定的收益，会成为股权众筹的优质标的。

3.生活服务类项目

由于中国人口基数庞大，内需旺盛，关系到老百姓吃住行的生活服务类项目需求非常大，这类项目是看得见、摸得着的实体项目，收益也相对稳定，非常适合股权众筹。

TMT、科技类项目因为专业知识的门槛较高，将大部分投资者拒之门外，形成的是较小的投资规模；PPP 项目，尽管国家非常鼓励民间资本介入，但是由于数量较少，投资门槛也会相对较高；而生活服务类项目因为体量庞大，对投资者要求不高，收益稳定，未来将极有可能产生长尾效应，成为股权众筹最为重要的细分领域。

以上我们说的是股权众筹领域未来发展的方向，那么，企业股权众筹完成后，其未来又会怎样呢？我认为同样有三条路可走：一是场外交易平台（Q 板、E 板、新四板、新三板等）；二是 IPO 上市；三是并购。

对于企业而言，不论是场外交易平台还是正式 IPO 上市，中国目前的法律和政策对其都给予了最大程度的支持和倾斜，如允许上市公司发行债券、用二级市场交易的股票市值作为质押物向银行融资，为上市公司拓展了最多元的融资渠道；而且上市最明显的优点就在于获取资金。需要筹资的公司能够通过上市获得大量的资金。通过发售股票（股权），一家公司能募集到可用于多种目的的资金，包括增长和扩张、清偿债务、市场营销、研究和发展，以及公司并购。与此同时，还能给企业带来诸如提高公司估值、吸引并留住人才、提高信誉，便于银行以较有利条款批出信贷额度等一系列好处，十分有利于企业发展。

而对于股权众筹投资人而言，最大的痛点就是不知道众筹发起项目的财务状况、收入支出的真实性。上市公司是公众公司，其财务状况是经过会计师事务所审计把关之后公开的，绝大多数上市公司财务报表真实、可信，这无疑解决了投资人的顾虑。

倘若公司缺乏上市的条件，那么，通过众筹筹到的资源，不断发展壮大自己的团队，而后借势或者抱团取暖，即与其他有实力的公司进行战略整合和并购，得到更多发展机会，也是众筹之后的一个方向。

| 选择合适的发布平台 |

国内目前已经上线的众筹平台有 110 ~ 140 家，其中已经有 20 家左右的众筹平台停止运营，其中产品众筹平台有 70 ~ 75 家，股权众筹平台有 30 家左右，公益型众筹平台有 5 家左右，其余为混合型众筹平台。

面对形形色色的众筹型平台，我们一下子很难知道哪些众筹平台更具有人气、更符合自己，为了让大家少走弯路，我对目前国内主要的众筹平台做一个分类和初步分析，如图 3-5 所示。

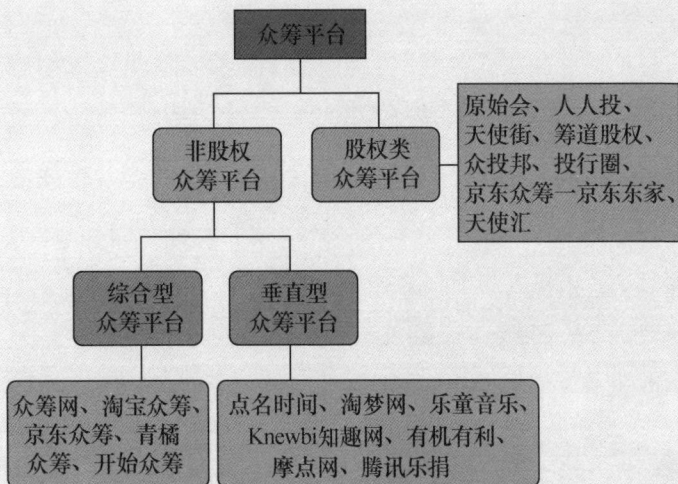

图 3-5　众筹平台分类及分析

（一）非股权众筹平台

非股权众筹平台又分为综合型众筹平台和垂直型众筹平台。

1.综合型众筹平台

比较典型的综合型众筹平台有众筹网、淘宝众筹、京东众筹、青橘众筹和开始众筹五大平台。

（1）众筹网

众筹网于 2013 年 2 月正式上线，是中国最具影响力的众筹平台，是网信金融集团旗下的众筹模式网站，为项目发起者提供募资、投资、孵化、运营一站式综合众筹服务。

项目类型：科技、艺术、设计、音乐、影视、出版、动漫游戏、公益、公开课、农业等，基本涵盖了众筹领域的各个方面。

（2）淘宝众筹

"淘宝众筹"改名成"淘宝星愿"后，终于还是改回来了。作为淘宝的一个子页，在首页只有一个很隐秘的入口，但在众筹网站中，流量已经算是巨大了。最早为面向名人的众筹平台，现已向所有人开放项目发起。

项目类型：科技、艺术、设计、音乐、影视、出版、动漫游戏、公益、公开课、农业等，基本涵盖了众筹领域的各个方面。

（3）京东众筹

京东众筹在 2014 年 7 月上线，最早在京东首页有"众筹"子页签入口，随着时间流逝，目前已经被替换成"金融"了，众筹被归入京东金融内。京东众筹虽然进入众筹领域晚但是短短半年时间几乎占据了众筹的半壁江山，打造了 N 多经典众筹案例。

项目类型：科技、艺术、设计、音乐、影视、出版、动漫游戏、公益、公开课、农业等基本涵盖了众筹领域的各个方面。

（4）青橘众筹

青橘众筹是上海众牛网络旗下的创新型企筹平台，为梦想发起人提供项目设计建议，宣传推广，数据支持，众筹基金支持和用户跟踪等服务。

项目类型：科技、艺术、设计、音乐、影视、出版、动漫游戏、公益、教育、农业等基本涵盖了众筹领域的各个方面。

（5）开始众筹

2014 年 10 月上线的后起之秀，看名字觉得有点山寨 Kickstarter 的意思，打开网站看内容，才发现它很有追梦网的味道，这里众筹的不是项目，是故事，渐渐已经有些知名度了，在这个众筹的冬天坚守不易。

项目类型：电影、音乐、游戏、旅行、食物、家居……代表更鲜明的生活风格、更有趣的生活方式。

2.垂直型众筹平台

垂直型众筹平台主要包括点名时间、淘梦网、乐童音乐、Knewbi 知趣网、有机有利、摩点网，以及腾讯乐捐。

（1）点名时间

2015 年 8 月，在经历了几乎一年的"去众筹化"之后，网站又回归了当年的老路，页面也还原成当年的模样，项目仍然是专注科技产品垂直领域。

项目类型：科技产品。

（2）淘梦网

最大的微电影众筹平台，专注支持电影梦想，淘梦网（Tmeng）是北京淘梦网络科技有限责任公司旗下的主营网站，致力于鼓励电影人借助平台的宣传推广，获得亲友以及公众的支持，获得启动梦想所需的目标资金，最终完成梦想。

项目类型：各种类型的电影。

（3）乐童音乐

乐童音乐是一个专注于音乐行业的项目发起和支持平台，在这里你可以发起一个有创意的与音乐相关的项目想法，并向公众进行推广，获得用户的资金支持，完成梦想。

项目类型：原创音乐。

（4）Knewbi 知趣网

Knewbi 是雷锋网旗下创意硬件社区，性质上完全应归类于智能硬件领域的垂直众筹，不同的是，它采取保障性买断支持发起者的方式，也就是说对发起者来说，只要项目能够上线就相当于成功筹款。

项目类型：智能硬件。

（5）有机有利

有机有利是国内领先的生态订单农业平台，专注于生态农业众筹和有机食品订制的网站，在国内首创的土地众筹项目。由通过认证的原产地农场企业直接发起众筹项目，消费者参与支持并获得回报。

项目类型：农业众筹。

（6）摩点网

摩点网（隶属于北京摩点众筹科技有限公司）是中国首家专注于游戏、动漫、影视、文学等文创领域的众筹平台。项目发起人可以在摩点网上发起游戏、动漫、影视、文学等文创领域项目的众筹筹款的需求，并承诺提供回报给支持项目的支持者。

项目类型：游戏、动漫、影视、文学等文创领域项目众筹。

（7）腾讯乐捐

腾讯乐捐是腾讯公益的一个子页，是早在 2012 年就开始运营的公益众筹平台，一直不温不火。腾讯乐捐是一个纯公益的众筹平台，包括发起者也是纯公益零盈利。

项目类型：公益众筹。

（二）股权类众筹网站

股权类众筹网站中，比较有知名度的有原始会、人人投、天使街、筹道股权、众投邦、投行圈、京东众筹—京东东家、天使汇。

1. 原始会

原始会成立于 2013 年 12 月，是网信金融旗下的股权众筹平台，旨在为投资人和创业者提供一站式投融资综合解决方案，帮助创业者融到资金，帮助投资人发现优质项目。

原始会归入众筹网旗下后，众筹网成为国内首个集奖励式众筹、股权众筹、公益众筹于一体的综合众筹平台。众筹网和原始会除了两个平台的链接互相打通外，在更深层次上也进行了联通。众筹网上的优质奖励式众筹项目也会直接推荐到原始会进行股权众筹。

2. 人人投

人人投直属于北京飞度网络科技有限公司，是专注于股权众筹的网络平台，为实体企业提供融资服务，帮助融资方快速融资开分店，帮助投资人找到优质项目，旨在为投资人和融资者搭建一个公平、透明、安全、高效的互联网金融服务平台。

人人投是以实体店为主的股权众筹交易平台。针对的项目是身边的特色店铺，投资人主要是以草根投资者为主。人人投全部项目必须具备有 2 个店以上的实体连锁体验店，项目方最低投资 10%。人人投凭借有力的推广平台让项目方在线融资的同时也在进行品牌宣传。

3. 天使街

天使街是由多个知名投资人和专业投资机构共同发起创办，定位为中国领先的股权众筹平台及投融资社交平台，平台于 2014 年 6 月正式宣布上线。

天使街致力于为小微创企业提供一站式投融资综合解决方案，帮助项目方迅速融到资金，推动快速发展，同时提供创业辅导、资源对接、宣传报道等优质增值服务。帮助投资人快速发现好项目，为其领投、跟投、资源输出、经验输出等提供依据，推动多层次的投资人群体协作发展。

4. 筹道股权

筹道股权成立于 2014 年，与国内领先的专业众筹平台青橘众筹同属上海众牛网络公司旗下，是国内首家通过递进式众筹模式进行股权融资的众筹平台。经过青橘众筹的众筹产品检验，项目已积累了大量数据和真实用户的使用反馈，能更好地考察项目的潜力和团队的素质，而筹道股权也能同步共享青橘众筹在产品众筹阶段的所有原始数据，能有效、准确、客观地鉴别项目的真实动员能力和产品受欢迎程度，让股权众筹投资不再是一次盲目的投资，充分提高投资人的效率，节省了宝贵时间和精力，让投资人可以非常直观地找到真正心动的产品和团队。

作为递进式众筹模式的最重要一环，筹道股权建立了完整、严谨的项目数据模型，通过产品众筹各项完善的数据来评估股权众筹项目的质量指标，更客观、更真实、更理性地判断出股权众筹项目的投资潜质。筹道股权平台将通过配合项目发起人进行路演、与意向投资人单独约谈等资源倾斜，推动股权众筹项目顺利完成。

5. 众投邦

众投邦是深圳市众投邦股份有限公司倾力打造的国内首家新三板互联网股权投融资平台，主要通过主投（GP)+跟投（LP）的模式帮助拟挂牌或已挂牌新三板的成长期企业进行股权融资。帮助企业获得资金的同时，努力从平台、资源、人才等多个方面支持企业后续发展，实现企业价值最大化。

为了尽可能保障投资者利益，众投邦选择成长期项目做股权融资，平台除了在选项目之初就有严格的要求，还引入了专业主投机构尽调和券商尽调，从而对项目做到全方面的风险评估和控制，力图把投资风险降到最低。

目前，众投邦已经成功打造 PC 端网站、移动端 APP、尽调底稿、线下新三板融资对接会等一系列完整的产品生态体系，加上"新三板""互联网+""股权投融资"精准的定位，融资效率大大提高，共完成近 10 个千万级项目的股权融资，其中，文化传媒项目华人天地已经挂牌新三板实现收益，多数项目已进入"新三板"各个阶段中。

6. 投行圈

投行圈股权众筹平台，成立于 2014 年 5 月，由深圳投行圈科技信息有限公司创立并运营。投行圈是一个涵盖天使项目、VC／PE 项目、上市公司项目，提供投融资对接服务和投后管理服务的一站式股权众筹平台。作为国内首家互联网投资银行，投行圈致力于打造顶级的互联网金融服务商。

在投行圈，创业者和企业家可以获得以上市公司为核心的庞大资源支持；同时，投行圈还为创业者和投资者提供财务咨询、法务咨询、投后管理等一站式服务，不仅帮助企业解决资金需求，而且为企业的成长建立长效服务机制。

7. 东家

3 月 31 日，京东股权众筹平台"东家"正式上线。创业项目登录京东股权众筹平台后，由专业风险投资机构或专业投资者进行评估、选择和投资，符合一定条件的普通用户可以跟着专业投资者投资，以此控制风险。

股权众筹采取"领投＋跟投"的模式主要就是为了平衡普通用户的收益和风险。普通用户参与股权众筹之后，要把除了收益分红权之外的所有权益委托给领投人，如果项目投资成功，普通用户需要付出收益的 20% 给领投人，而领投人的职责是定期对投资项目进行监督和指导。

京东股权众筹负责人表示。京东要做的不仅仅是为企业融一次资，会尝试不同行业的项目类型，打造创业生态圈。在投后管理方面要求创业企业每年披露一次财务报告，并及时披露各类重大经营和战略事项，通过信息公开降低投资人风险。

8. 天使汇

天使汇于 2011 年 11 月 11 日 11 时 11 分正式上线，定义为"让靠谱的项目找到靠谱的钱"，截至 2015 年 8 月，已经有超过 2813 位认证投资人，超过 402 个项目完成了 40 亿元的融资。

Chapter 4

众筹过程中如何做好推广营销

| 推广靠自己，你会更强大 |

作为项目发起人在众筹平台成功发起项目后，并不代表你只需要等待支持者上门，对你的项目进行投资就可以了，你还有很多事情需要做。这是一个"酒香也怕巷子深"的时代，就算你的项目再好，如果不做推广，也会石沉大海，最终导致众筹项目的夭折。

那么，该如何做推广营销呢？对互联网从业者来说，这是一个老生常谈的话题，其方法有很多，在此不做详细解说。居里夫人曾说过，路要靠自己走，才能越走越宽。同样的，众筹过程中的推广营销工作关键还是要靠自己，这样才能让你更强大。

自己做推广，有两点好处：一是自己亲自做推广，认认真真，才会发现问题，执行也会比较到位；二是防止被骗。请人做推广被骗的人不在少数，花了钱不仅没起到作用，还适得其反，若是自己做，就会避免这种情况的发生。

对于每一个众筹项目而言，项目发起人本身就是这个项目的第一个支持者。发起众筹项目后，才是"真正战役"的开始。以《社交红利》一书的作者徐志斌为例，在项目发起之后2周时间内，作者通过其微博、微信、QQ群发、新闻投稿和口头告知等一切手段，每天都在积极推进众筹项目的宣传进程，并获得了3300个粉丝，继而再通过与这3300个粉丝的沟通，取得了首印超过5万册的成绩。因此，你必须由己及人，从自己这里扩展开去，聚拢更多的支持者。

说到自己推广营销，有些人可能会觉得比较迷茫，不知道该如何做，不知道怎样做才能有效果。不管怎样，可以肯定的是，不去做肯定不会有效果，动手去做，才是关键的，其实，无论是谁，都无法保证推广的方法一定会产生很好的效果。下面我简单地为大家介绍几种依靠自己的力量进行推广的方法。

先来说一说线下推广，其方法有很多，例如，告诉你的朋友和家人你的网站，他们肯定会支持你，点击你的网站去看，如果你的内容经常更新，他们很可能会持续关注。当然，你也可以告诉你的同事，如果你的网站与工作有关，你的同事会更加感兴趣。

你也可以把网址添加到名片上，不过前提是你需要经常给人名片，否则，这样做的意义就不大了。还有一种更直观的方法，就是把网址印在 T 恤上，你走到哪里，人们就能看到你 T 恤上的网址，这也是吸引人的一种好方法。同理，你可以把网址贴在任何人们可以看到的地方，如汽车窗户上等。

关于线上推广的方法就更多了，例如，更改 QQ、微信的签名，这样人们就能很容易看到你发布的信息；你还可以利用社交网站，如人人、豆瓣、知乎等，发布信息。

为了提高人们转发信息的积极性，你可以发起一个 RT（转发）的比赛，人们需要转发比赛的页面来获得随机抽奖的机会，奖项可以是现金或产品，根据奖品大小，一段时间后就能看到病毒式转发的次数有多少。

总之，方法有很多，只要你积极地去做了，一定会取得效果。

| 善待第一批项目支持者 |

众筹的成功离不开粉丝的支持，作为众筹项目的发起人，一定要注意，千万不能让你的粉丝倒戈。俗话说，吃水不忘挖井人。对于给你资金支持的第一批支持者，除了按照你的项目给他们一些应有的回报以外，还要注意管理他们的情绪，调动他们的积极性，将他们紧密地团结在你身边。

通常，很多人发起众筹项目以后，就等着朋友或陌生人来给你点赞支持，这种做法有点像"守株待兔"，而且往往容易导致"惨淡收场"。因为现在的网友是很挑剔的，在他们没有拿到回报前，对任何小的缺陷都可能产生抱怨，引发破窗效应，结果让别的支持者也退缩了。

我喜欢用"水能载舟亦能覆舟"来形容粉丝的力量，粉丝可以成就你，同样可以毁掉你，所以，千万不可小觑粉丝的力量。众所周知，苹果与小米都是典型的粉丝经济的案例，粉丝为小米与苹果带来了非常可观的利润，每当这两家公司发布新产品时，都引得无数粉丝疯狂追捧，创造了一个又一个利润奇迹。但是，粉丝会一直很可靠吗？

我看未必。一旦品牌形象发生严重的负面问题，大部分粉丝都会弃之而去，这与粉丝的忠诚度有关，即我们通常所说的"伪粉丝"。所谓的伪粉丝，就是为利益而来，也为利益而去，为了利益，他们可以倒戈相向。

美国的汉堡王曾经做过两次粉丝实验，结果证实大量的伪粉丝是存在的。2013 年，汉堡王推出了一款 Facebook 应用，应用主旨是只要删除 Facebook 内的 10 位好友，就能立即获得 1 个免费的汉堡。结果仅在一周之内，就有 8 万多人删除了好友，可见 10 个好友都抵不过 1 个汉堡，由此可见，粉丝团队是多么不牢固、不堪一击啊！

2014 年，汉堡王推出了一款鉴别真伪粉丝的应用，该应用给出两个选项——真粉丝与僵尸粉，如果选择后者就会得到一个免费的汉堡，但会收到汉堡王的绝交信以及拉黑的通知。结果，竟然有 82% 的粉丝选择了后者，只有 18% 的铁杆粉丝选择了真粉的选项。

汉堡王的实验告诉我们，永远不要太把自己当回事，更不能完全依赖于粉丝。

看过这个实验后，你可能会说，我的粉丝可都是铁杆粉丝，铁杆粉丝就不会离你而去吗？大家一定还记得曾经风靡一时的开心网"偷菜"游戏吧，开始有多少人宁可不睡觉也要偷菜，可是，这样的火爆场面并没有维持多久，大量的粉丝就抛弃了开心网。这是因为"偷菜"只会让人一时产生新鲜感，新鲜劲头一过，粉丝就会厌倦了，自然会扬长而去。

不仅是开心网，就连号称最强大的粉丝经济拥有者——苹果公司，也避免不了粉丝倒戈的悲惨结局。虽然苹果公司的粉丝群体忠诚度相对较高，但粉丝对苹果公司的期望也很高，一旦苹果公司推出的产品无法满足粉丝的要求，粉丝离去也是情理之中的事情。

2013 年 9 月，苹果公司曾推出过 iPhone 5C 这款产品，但其销量和评价却和苹果公司所预期的截然相反。这是因为粉丝们认为使用苹果手机是一种身份地位的象征，但 iPhone 5C 过于便宜，与他们所期待的身份地位不相符，所以导致了很多负面的结果，使不少铁杆粉丝对其忠诚度大大下降。

之所以花这么大的篇幅，列举了开心网和苹果公司的例子，就是想告诉大家，粉丝对你的忠诚度不会一直不变。但如果你对他们好一些，他们对你的忠诚度就会高一些，追随你的时间就会久一些，尤其是你的第一批项目支持者。

一般来说，你的众筹项目的粉丝，可以分成两种，一种是和你志趣相投的亲朋好友，一种是众筹平台上的陌生人。当众筹项目发起后，这些从前陌生的人就成了你的支持者，你就要及时和他们交流，进行互动。

即使是一封看起来很简单的感谢信都会让支持者产生

一定的成就感，从而拉近你们的关系。同时，你也需要及时向他们公布你的项目进展情况。当你团结到第一批支持者后，他们自然而然就会成为你项目的稳定传播者和宣传渠道。

与此同时，要认真收集第一批支持者的意见和问题，做好统计并优化，并且迅速地反馈给他们。你要让支持者看到你在努力做这项事业，同时你也要让支持者感到你对他们的在意，第一批粉丝不能维护好，那又谈何第二批、第三批粉丝呢？

| 分期推进目标，实现曲线救国 |

1984 年，在东京国际马拉松邀请赛上，名不见经传的日本选手山田本一出人意外地夺得了世界冠军。当记者询问他是如何取胜时，他只简单地回答说："靠智慧打败对手。"很多人都以为他是撞大运才拿到了冠军。然而，两年后，在意大利国际马拉松邀请赛上，山田本一再次夺冠。当记者再次问他是如何夺冠时，他依然是那句话："靠智慧打败对手。"他的回答令很多人迷惑不解。

直到 10 年后，山田本一才在自传中解释说："每次比赛前，我都要乘车把比赛的线路仔仔细细地看一遍，并记录下沿途醒目的标志，例如，第一个标志是银行，第二个标志是红房子……一直记录到比赛的终点。比赛开始后，我会以百米的速度跑向第一个目标，到达第一个目标后，我又会以同样的速度跑向第二个目标。40多公里的赛程被分成8个小目标后，就能轻松地完成了。起初，我并不懂这样的道理，我把目标定在40公里外的终点线上，结果我跑了十几公里就累得迈不动步子了，那是因为我被前面遥遥无期的路途给吓到了。"

人们常说，一口吃不成胖子。做任何事情都要一步一步地来，一蹴而就是无法实现最终目标的，只有把大目标分成若干小目标，然后一个个地去攻破，才能实现最终的目标。很多人做事半途而废，并不是因为困难有多大，而是因为觉得距离成功太远了，最终不得不选择了放弃。

同样的道理，众筹时也应该学会细分目标，然后分期推进目标。我们已经知道，在众筹平台发布的众筹项目，筹资额度越低，越容易获得成功。这对那些资金需求量不大的项目非常有利，但对那些资金需求量较大的项目，想要一次筹足就变得较为困难了。那么，我们该怎么办呢？不妨学一学山田本一，将一个项目拆成几个项目，减少设定的筹资总额，做好第一期，再做第二期，这样分期推进你的项目，反而更容易取得成功。

这样做不仅对融资有好处，对于筹资人和投资人也都有好处。对于项目发起人而言，分期推进一方面能根据前面阶段的市场反馈，灵活设置后续各阶段的融资目标；另一方面也能灵活设置后续阶段的回报内容，调整自己的融资策略，吸引更多的支持者参与进来。

对于投资人而言，则不仅能了解到项目的总体融资情况，也能把握其每一个阶段的融资情况，从而对自己的投资做出理性判断。

互联网思维中有一种迭代思维，意思是要迅速推进、快速迭代，这在众筹中同样适用。因此，对于那些跨度周期长、总额又较大的项目，项目发起人都可以采取分期推进的方式来达成目标。

我很欣赏这样一句话：成功者与平庸者的差别，在于前者注重积累，将生活中的一个个小的目标当成自己成功的阶梯；而平庸者往往好高骛远，轻率冒进，或因目标太困难而放弃了奋斗的勇气。

| 巧用社交平台，助力众筹 |

现今，出版物、播客，甚至是网页 banner 这类传统媒体的宣传效果都在下降，这些工具都已经很难为你带来足够的宣传效果。现在的年轻消费者会在社交媒体上收集产品信息和评论，他们也喜欢在社交媒体上与品牌进行交流和互动。在这种潮流中，社交媒体已快速地取代了传统的宣传工具。

通过众筹手段建立起来的公司，如果能够在社交媒体上与大众投资人搞好关系，那么企业就能够在营销和品牌推广方面获得优势。如何巧用社交平台也成为众筹发起人的必修功课。筹资人在考虑筹资的时候，不仅要考量平台的活跃度，而且也要用正确的方式在正确的平台上传播信息。

（一）主流社交平台分析

当今的主流社交平台有哪些呢？可以说不胜枚举，在这里，我主要谈 3 个社交平台：新浪微博、微信和人人网。

1. 新浪微博

新浪微博的口号是"随时随地分享快乐"。用户可以通过 WAP 页面、网页、手机客户端发布消息或上传图片和音像视频，在 140 字内表达自己想要表达的内容，通过计算机或智能手机随时随地发给朋友，一起分享、讨论，与朋友通过评论、发送私信、点赞等方式来进行互动。

根据新浪发布的数据，截至 2015 年 9 月，微博月活跃用户已达 2.12 亿，日活跃用户达到 1 亿，而且有 75% 的用户使用移动客户端，其中还包括大量的政府机构、官员、企业、个人认证账号。这样开放的传播机制，让新浪微博几乎成为"公共议事阵地"。由于微博查看的方便性、内容的多样性，刷微博几乎成为大部分人每天都要进行的活动，如刚起床、上下班路上，只要是空余时间，就是人们浏览微博的热门时间段。

微博对发言的字数作了限制，众筹想要利用微博就必须以另一个详细介绍项目内容的页面作为链接基础，让别人对项目的前因后果有一个详细的了解，并有实时的项目进展介绍，让人们对该项目持续保持关注和追随的热情。

2. 微信

微信（WeChat）是腾讯公司于 2011 年 1 月 21 日推出的一个为智能终端提供即时通信服务的免费应用程序，微信支持跨通信运营商、跨操作系统平台通过网络快速发送免费（需消耗少量网络流量）语音短信、视频、图片和文字，同时，也可以使用通过共享流媒体内容的资料和基于位置的社交插件"摇一摇""漂流瓶""朋友圈""公众平台""语音记事本"等服务插件。微信自推出以后，用户就如滚雪球般迅速增长，截至 2015 年年底，微信日活跃用户已达 5.7 亿，其中中国的市场渗透率达到 93%，是亚洲地区拥有最大用户群体的移动即时通信软件。

在当今这个信任缺失的年代，人们极度缺乏安全感。微信从规划之初，就以私密圈子为导向。微信朋友圈相对私密安全，构建了一个相对自然且牢固的信任链条，降低了众筹的风险。而且发起人和支持者也可以建立微信群，或在微信中就众筹项目进行直接的交流，这样也有利于进一步巩固信任机制。微信朋友圈也有一定的兴趣聚合作用，发起人将项目分享到朋友圈，更容易得到志趣相投的朋友的支持。

由于微信较高的保密性和社交圈子的稳定性及精确性，用户都置身在较有归属感的圈子里，甚至在你自己都没有清晰定位的时候，微信就已经帮你做了划分。对圈子的准确把握，也是微信适合众筹的一大竞争力。在划分人群这一方面，相较于微博、豆瓣而言，微信更有优势。

不同于微博的讲究时效性，发起人需要不断地更新项目信息以获得持续关注。在微信中，人们更愿意去关注别人前面发布的信息。因此，在微信中推广项目时，发起人可以简洁陈述项目的背景故事、团队介绍和项目的发展进程，而去着重突出项目的实现对支持者的意义，让这些信息更有机会获得朋友的认可，赢得他们的支持。同时，由于微信自带便利的支付功能，也让众筹变得更加容易实现。在微信中运作时，不需要过多地借助第三方支付平台。

3. 人人网

人人网是中国首个实名制的社交网站，它的功能很像美国的 Facebook。人人网原名为校内网，刚建立时只允许拥有特定大学 IP 地址或是大学电子邮箱的用户注册，这样就保证了它的用户主要是大学生群体。用户注册之后可以在其页面发布自己的照片、更新状态、撰写日志和留言。

在国内，人人网曾红极一时。但是在校内网改名为人人网后，它却并没有成为中国的 Facebook。在大批新兴的社交平台的冲击下，人人网的活跃程度逐渐降低。

人人网上都是知根知底的人，容易得到别人的信任，从而较容易获得可靠的支持者。项目发起人在准备自己的项目时，把项目情况公布在人人网上，让朋友们了解项目的最新动态，对此有兴趣的昔日同窗会成为项目忠实的支持者。由于人人网上大学生群体占大部分，如果你的项目是针对学生的，那人人网无疑是最合适的平台。

除了上文提到的社交平台，还有许多优秀的社交平台，如 QQ 空间、豆瓣等，也都各有各的优势。在真实的众筹过程中，发起人可以针对自己的项目，综合考虑，决定选用哪一个平台，或者是结合使用哪几个平台。

（二）社交平台操作指南

多数的众筹过程并不如大家想象的那么简单，需要经过团队和多方的努力，并要熬过内心的多次挣扎才能完成。利用社交平台做众筹也是如此，不仅要选正确合适的社交平台进行宣传推广，还有很多细节工作要做好，例如，把握最佳时间、打好组合拳、博人眼球、扩大受众。

1. 把握最佳时间

项目本身的质量和潜在的市场价值固然是其获得投资的硬性条件，但创意适用于大众市场才是发动大众集资的前提所在。因此，时间把握精确、渠道合适和从出资者角度换位思考是巧用社交网络辅助项目获得人心、筹得资金的关键因素。

导致一些极好的创意"流产"的原因往往是不能在限定时间内俘获足够多人的支持认可，以及无法获得预先设定的资助额。不要等到活动开始后才去思考用什么平台，你需要提前在社交媒体上进行经营。把握有限的时间甚至及早行动，把项目知名度无限延伸开来是至关重要的。

即使你之前从未经营过这些平台，也许会推迟自己的众筹计划，预支一些时间出来在社交平台上制造自己的影响力，但这也是值得的。因为你在社交平台上的影响力越大，所获得的支持度也会更高，项目就可以被更多的人关注，就有更大的可能筹到足够的资金。在建立好自己的社交影响力之后，就要开始与社交平台上的朋友互动，为之后筹资做好铺垫。例如，提前在社交网站上谈论项目发起的背景，征询别人的意见等，这样有利于将别人的注意力聚焦到你即将推出的项目上，而且自己也能对项目能激起多大的反响有个大致的预测和把握。

在发布项目信息的同时要根据人们关注社交平台的习惯选择时间点，由于人们关注社交平台的时间是比较零散的，且更多是在空余时间里。因此，你要避免在工作时间段去频繁地发布你众筹的信息，利用下班后或其他常规休息的时间登录社交网站的页面发布信息或进行互动，更容易让你的朋友们第一时间看到并留意到信息。

2. 打好组合拳

不要期望仅把众筹项目发到一个社交平台就能达成目标，如果你只是把众筹发到人人网，你就会把成功的压力转移到你的昔日同窗上，同样地，如果你只是把众筹发到朋友圈，你就会把成功压力转移到你的亲朋好友上，这样单一的众筹对象会加大筹资的难度。除非你这个项目就是只针对特定人群的众筹，不然的话，你应该选择不同的社交平台，将拥有不同优势的平台组合起来为你的众筹服务。当然，你也应不时地在个人页面展示你的项目，因为你生活中的朋友希望知道你最近的情况，不管是你们的交情或是对项目本身的兴趣，都能够成为你的助力。

在项目正式推出后的宣传筹资阶段，需要找到适当的切入点在社交媒体上吸引人们的关注，但这是一项不能操之过急的事情，需要一个过程，这个过程不仅是你在社交网站上介绍项目寻求关注和支持的过程，也是他人审视你项目的创意和你的执行能力的过程。

一方面，在众筹平台搭建项目介绍页面，利用好音频、视频、图文等多种形式，细致具体地介绍你的项目的发起原因、背景、创意思维和预期效果。另一方面，在微博、微信的发散传播中让人一键点入就可以细致地了解项目。在前面的工作完成之后，在微博上发布实时进展信息，维系人们对项目的关注度和热度。巧妙利用微信的强大传播力，直接告诉你的朋友投资这个项目能带来的直接效益，并且让他们帮助转发或介绍对项目有兴趣的朋友。通过组合拳，多管齐下，在最短时间内获得最大的曝光度和支持。

3. 博人眼球

在利用社交媒体的时候，如何短时间内快速吸引受众成为了关键。即使你提出的项目有讨论的价值，在当今这个"文化速食"的时代，"标题党""事件营销"大行其道，你必须寻找一些爆点，你发布的微博内容要有趣，尽量简短，巧用图片、视频、音频，有吸引力，让别人能够不自觉地就点开链接，才能在网络上五花八门的信息中，辐射更多的受众。

4. 扩大受众

利用社交平台众筹时，要学会使用现有的人际圈，发动你的朋友们竞相转发代替你孤军奋战。哈佛大学的心理学教授 Stanley Milgram（1933—1984）提出六度分隔理论。"六度分隔"描绘了一个连结人与社区的人际联系网。

简单而言就是：你和任何一个陌生人之间所间隔的人不会超过 6 个，也就是说，最多通过 6 个人你就能够认识任何一个陌生人。那么，通过你现有的社交平台上关注你的人转发你的项目信息，通过一系列的裂变，就会带来更多的受众，为项目获得更多的支持者。不要羞于对别人说"能帮我找到下一位支持者吗？链接在这儿"，这会令你更加接近成功。

｜打造立体平台，多渠道宣传｜

要使众筹达到目标效果，不仅要在宣传力度上下功夫，也要在宣传渠道上做文章。宣传的渠道一定要广，平台一定要多，多管齐下，效果才能事半功倍。

（一）自媒体圈

"自媒体"又称"公民媒体"或"个人媒体"，是指私人化、

平民化、普泛化、自主化的传播者，以现代化、电子化的
手段，向不特定的大多数或者特定的单个人传递规范性及
非规范性信息的新媒体的总称。自媒体平台包括微博、微
信、博客、百度官方贴吧、论坛 /BBS 等网络社区。

当今的主流媒体非自媒体莫属。自媒体作为以博客、
播客、维客、新闻聚合、论坛、即时通讯等新媒体为载体
的总称，具有平等、开放和共享的特点，依托自媒体的营
销模式也具有相当的优势，如图 4-1 所示。

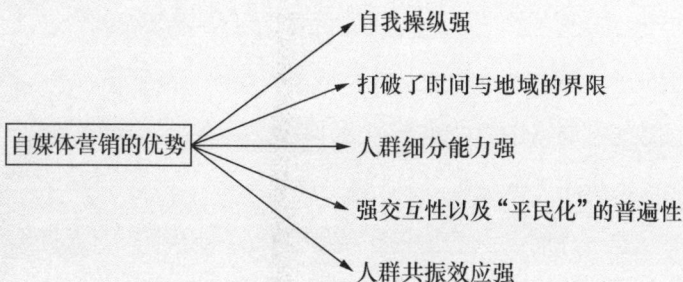

图 4-1　自媒体营销的优势

1. 自我操纵强

在哪里写，是论坛、博客、微博，还是微信？如何写，
是原文摘录、原创的，还是再编辑的？传播什么，是写心情、
找热点、评论，还是深度分析？自媒体具有平等、开放和
共享的特点，这些决定了自媒体人能根据自己的目标来自
主决定媒体内容，自主操控媒体运作方式。

2. 打破了时间与地域的界限

受地域及自然等因素的限制，某些突发事件或者边远地区的信息，传统媒体难以及时获得。然而，自媒体的出现打破了时间与地域的限制，无论何时何地，用户均能够成为信息的采集者。

3. 人群细分能力强

凭借互联网、移动互联网的渗透效应，自媒体能实现潜在客户吸引力度的最大化，不喜欢的就不会看你的内容，但是喜欢你的内容和风格的，会源源不断地聚拢而来，这就像一个精准吸收的"黑洞"，它只吸收那些对它感兴趣的，而放过那些路过的，细分并吸引特定人群的能力极强。

4. 强交互性以及"平民化"的普遍性

自媒体时代彻底颠覆了传统媒体的话语霸权，人们不再是被动地接受信息，而是由"旁观者"变成了"参与者"，媒体不再是高高在上的象征，每一个个人都可以利用各种自媒体的表现形式拥有自己的媒体，表达自己的观点，探讨问题，甚至引导舆论。据 E 优渡负责人介绍，自媒体能够迅速地将信息传播到受众中去，受众也可以迅速地对信息传播的效果进行反馈。自媒体与受众之间不存在距离。

5. 人群共振效应强

围绕自媒体相聚集的人群是基于共同的爱好和关注点

的，因此当自媒体在一个方向上行动时，其群体成员会因为有共同的经历和想法，相互感染而产生"共鸣"，进而形成一致的集体行为，这种共振效应影响力极大，对创造商业价值具有重大意义。

（二）广告圈

广告圈是指包括电视广告、平面广告、流媒体广告等所有传播形式在内的渠道广告。渠道广告传播需要注意以下几个要点。

（1）广告需要美学，但更关键的是要让人记住品牌的名字，除非你的产品有不可替代的功能。只要能让人在销售或者消费的时候顺口说出你的产品名字，你就成功了。广告让人骂没关系，最有杀伤力的是那种中庸和平常道路。

（2）不管是色彩运用还是文字布局，都是为了让人一眼念出品牌的名字。空白太多的所谓美学主义用处不大。

（3）重要的不是广告，也不是知名度，而是战略和战术的协同。快速消费品的广告是尖刀，而渠道之销售模式就成了战略预备，用以扩大突击效果。战略与战术的匹配非常关键，尖刀一旦投入战斗，留给销售总监的战术反应时间也许只有一个月。

（三）事件营销圈

事件营销在英文里叫"Event Marketing"，国内直译为

"事件营销"或"活动营销"。事件营销是企业通过策划、组织和利用具有名人效应、新闻价值以及社会影响的人物或事件，引起媒体、社会团体和消费者的兴趣与关注，以求提高企业或产品的知名度、美誉度，树立良好品牌形象，并最终促成产品或服务销售目的的手段和方式。

简单地说，事件营销就是通过把握新闻的规律，制造具有新闻价值的事件，并通过具体的操作，让这一新闻事件得以传播，从而达到广告的效果。

事件营销是国内外十分流行的一种公关传播与市场推广手段，集新闻效应、广告效应、公共关系、形象传播、客户关系于一体，并为新产品推介、品牌展示创造机会，建立品牌识别和品牌定位，形成一种快速提升品牌知名度与美誉度的营销手段。20世纪90年代后期，互联网的飞速发展给事件营销带来了巨大契机。通过网络，一个事件或者一个话题可以更轻松地进行传播并引起关注，成功的事件营销案例开始大量出现。

事件营销能否成功，其关键是创意，在这里，我为大家介绍几种事件营销的内容策略，即"七大牌＋一派"。

1. 美女牌

美女是永恒的话题和热点，也是最容易策划和实施的营销元素。所以在策划事件营销时，若实在找不到好的创意点，不妨考虑打美女牌，虽然招数有点老，却非常有效。

2. 情感牌

俗话说"人心都是肉长的"，只要我们心里想着消费者，能够为消费者做一些实事，消费者一定不会无动于衷的。中国的消费者特别容易被感动，只要我们把分内事做足，他们就会感激不尽。

3. 热点牌

每每出现社会热点话题时，媒体都会闻风而动，到处搜集相关新闻素材，这些社会热点是老百姓关注的焦点。所以如果巧妙围绕这些社会热点来策划营销事件，则会收到事半功倍的效果，甚至就算策划得不够完美，也一样会被关注。

4. 争议牌

争议是永恒的热点，争议是最容易引发大众关注和传播的手段。策划事件营销时同样如此，争议越大，事件就越成功。

5. 公益牌

企业发展离不开社会发展，没有社会的发展也就没有企业的发展。而作为有良知的企业，有责任和义务回报社会。有一个名词叫"企业社会责任"，就是指企业对投资者以外的利益相关者群体所承担的法律责任和道义责任。而企业在做公益活动回报社会的时候，再顺便宣传一下自己的产品，实在是一举两得的美事。

6. 名人牌

名人效应的威力不可小觑，关于名人的一件很小的事情，都会登上媒体头条，只要是被名人光环笼罩到，都会成为被关注的焦点。

7. 新奇牌

对于新鲜的人和事，公众总是充满兴趣，保持着高度的关注，这是因为人类骨子中的"好奇心"在作怪。而如果我们在策划事件营销时，能够满足人们的好奇心理，自然会成为大众的焦点。

8. 反常派

随着互联网的发展和普及，各种信息化的差异越来越小，一些传统的搏出位的手法已经不能满足网民的需要。几年前，有的人仅凭几段特别的文字、几张出格的照片就可以出位，但现在这些方法已经行不通，需要另辟蹊径，才能引发网友的关注。

（四）商业模式圈

商业模式中最为大家所熟知的就是基于"互联网＋"时代的三级分销模式了，是把移动互联网技术、平台化技术、电子商务模式有效结合的一种商业分销模式，它有效地利用了人际网络学、几何倍增学和排列组合的原理，把原来厂家招总代理、招省级代理、招地区代理、招市级代理、招终端加盟店的多级分销模式，升级为只有三级代理的分销模式。有效减少了过多的中间环节，把更多的利益让给消费者，真正的回归商业的本质——专注以消费者为中心的用户体验。

三级分销由于使用了倍增学原理，导致很多人将它与传销、直销混为一谈。实际上这是完全不同的概念。所以大家在使用的时候一定要了解好界限，以防触犯法律。

Chapter 5

众筹结束后如何经营粉丝

| 构建粉丝社群 |

经过一段坚苦卓绝的日子，好不容易众筹成功了，终于有钱了，接下来该怎么办？对于项目发起人而言，众筹成功了，并不代表就可以高枕无忧了。"资金不是结束，而是刚开始"，无论你是奖励式众筹，还是股权式众筹，你必须面对多个投资人，你应该让这些投资人不断地认同你，这是奖励式众筹中发起人成功的保证，也是股权式众筹中一家企业成功的保证。因为大众投资人会自动成为你产品的宣传形象大使，为你的产品持续不断地打开市场，贡献巨大的力量。所以，众筹结束后最重要的是学会经营粉丝。

在这一节，我们先来说一说经营粉丝的第一步——构建粉丝社群。

小米手机在售出了大规模的产品以后，营销没有结束，而是刚刚开始，这时候需要用一个体系或者平台，把售出的这些产品联结起来，让这些产品以及背后的人变成一个社群。这也就是小米模式跟传统制造业模式不同的地方，也是粉丝运营最基础的一条。

对于传统家电企业而言，一台设备卖出以后，营销就结束了，企业只在每一台卖出的设备上获得利润，所以对于传统家电企业而言最重要的是控制成本和以量取胜。但对于小米而言，硬件可以不挣钱，甚至可以免费，但把硬件联结起来，完全可以通过后续的服务和衍生产品赚钱。

相比传统的制造业，小米模式建立的是一个生态体系，商业模式是基于生态体系基础设施服务，而不是单纯地卖设备。这就好比小米公司是一家电力公司，它主要的收入来源并不是卖电表，而是收电费。小米手机是通过什么把这些设备联结起来的呢？当然是通过软件，对于小米手机而言，就是它的 MIUI 系统。

通过 MIUI 系统，小米手机不仅把成千上万的米粉联结到一起，还基于 MIUI 建立了自己的商业模式。小米公司除了小米手机这个基础硬件以外，在小米商店里还有很多配套硬件和软件供你选择，这些都成为小米公司新的收入来源。更重要的是，小米公司把成千上万的米粉通过 MIUI 联结在一起，可以知道其他米粉在说什么、在做什么、在用什么，整个米粉群体就变成一个互相链接的、大规模的社群，而这个社群的衣食住行，都可以变成小米公司新的收入来源和商业模式。更重要的是，这个社群的规模还在不断扩大。

那么，该如何组建粉丝社群呢？图 5-1 是一些关于社群建设的注意事项。

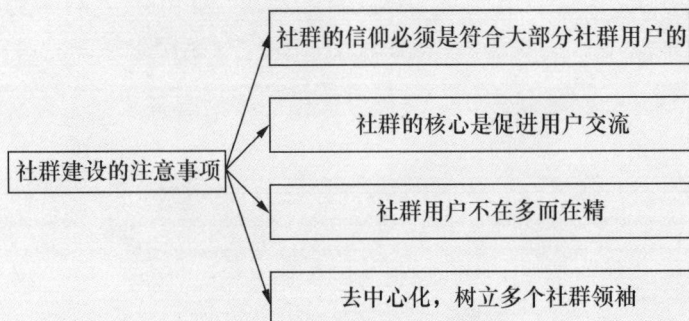

```
                          ┌─────────────────────────────────┐
                       ┌─▶│  社群的信仰必须是符合大部分社群用户的  │
                       │  └─────────────────────────────────┘
                       │  ┌─────────────────────────────────┐
┌─────────────────┐  ├─▶│      社群的核心是促进用户交流       │
│ 社群建设的注意事项 │─┤  └─────────────────────────────────┘
└─────────────────┘  │  ┌─────────────────────────────────┐
                       ├─▶│      社群用户不在多而在精         │
                       │  └─────────────────────────────────┘
                       │  ┌─────────────────────────────────┐
                       └─▶│   去中心化，树立多个社群领袖       │
                          └─────────────────────────────────┘
```

图 5-1　社群建设的注意事项

（一）社群的信仰必须是符合大部分社群用户的

首先，社群运营的发起人必须是一个有信仰的人，而且必须是和社群的成员们站在一起的。以小米社群为例，最初的为发烧而生的信仰，如今已经基本上变成了比拼性价比，所有的手机厂商比拼价格很容易，因而小米的信仰改变极有可能导致社群逐渐瓦解。

（二）社群的核心是促进用户交流

社群运营者要善于开展与主题相关的线下活动，可以是分享会，可以是一次培训、讲座，组队比赛等，从而丰富社群成员的体验，加深关系链的沉淀。

（三）社群用户不在多而在精

无规矩不成方圆，运营一个小小的微信群也是一个社群，如果不遵守群规，就要坚决剔除。而一个社群最少可存活的规模量在 5000 人左右，因此初期的用户必须是非常精准的，用产品的术语叫"天使用户"。当用户来源的精准性得到保证，每一个新进来的用户都是因为社群的信仰传播而加入社群的，这样的社群在随后的战斗才会更有冲击力和引爆力，初期不要太追求社群用户的增长速度，优质用户沉淀才是王道。

（四）去中心化，树立多个社群领袖

社群内部的创始人或者一把手需要有牺牲精神，让更多新的意见领袖成为社群的主力。去中心化，可以提高全员的积极性，产生更多的互动。管理者的学识水平有限、经历有限，过度中心化的管理方式最致命的就是一旦中心暂时消失了，整个社群就很有可能瘫痪。

| 增强粉丝参与感 |

如今，随着粉丝、社群的概念兴起，经营粉丝经济的企业很多，但真正如小米般能做好的却少。为什么？因为它们无法让粉丝真正参与到企业的整个体系中去，而仅仅是把粉丝当作一种营销手段，这是大错特错的。

小米创始人雷军说："小米销售的是参与感，这才是小米秘密背后的真正秘密。"亚马逊每次的董事会，总有一把空着的椅子，那是留给他们的顾客的，因为他们认为顾客是董事会的一员，应该主动邀请顾客参与企业的决策中来。

为什么如此强调"参与感"？因为参与感是用户思维最重要的体现。互联网时代，每个消费者都可能和素未谋面的消费者在某个购物社交网络中相互交流，分享他们的消费主张，形成物以类聚、人以群分的消费社群。他们自我意识强烈，对产品和服务的需求不再停留于功能层面，更想借此表达自己的情感。渴望参与到供应链上游活动（如采购、设计甚至制造）的决策。既然用户的需求发生变化，那么品牌商的沟通诉求自然也要随之改变。

说到底，"粉丝群体"需要什么，我们就应该提供什么。

"粉丝"需要的是参与感，我们就应该把这种参与感传递到位，如图 5-2 所示。

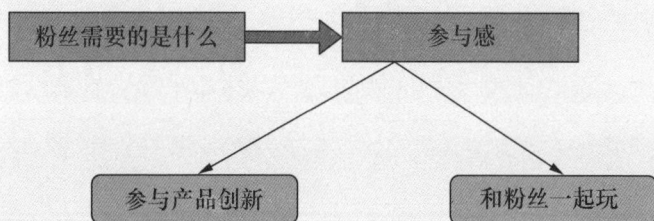

图 5-2　粉丝群体需要参与感

（一）粉丝参与产品创新

团购、预售属于浅层的 C2B（Customer to Business），仅仅是聚合了消费者需求然后集中释放，没有重构供应链。还有一种深层的 C2B 模式，不仅聚合了消费者需求，还根据消费者个性化的需求完成供应链重构，让用户参与产品的研发和设计环节。

像小米手机一样，一旦前端"预付 + 定制"环节完成，供应链将被重组，最大限度、最高效地为用户创造价值，企业就不再完全根据成本，而是根据客户最大价值进行生产，从而缔造了奇迹般的粉丝效应。对于这种"预付 + 定制"的模式，正是众筹的最大属性，也是众筹最大的优势。

再比如网上有一个很出名的原创服装品牌——七格格。

其拥有一支"15位年轻设计师+1位专职搭配师"的团队，规定每月最少推出100～150个新款，保证店铺内货品不少于500款。它有上万名忠实粉丝和很多QQ群。

每次要上新款的时候，七格格首先会将新款设计图上传到店铺上，让网友们对新款投票评选，并在QQ群中讨论，最终选出大家普遍喜欢的款式，进行修改，然后上传到网站，反复几个回合后再生产、上架。这种流程完全颠覆了大牌设计师引领时尚潮流的传统模式，消费者开始真正决定款式、时尚的走向，最主要的是消费者享受这个过程。它甚至颠覆了我们对品牌的传统认知。

由此可见，在需求越来越复杂的市场环境下，传统企业必须做好改变以往生产、销售方式的准备，并与粉丝进行沟通，理解"80后""90后"的语言，给他们一个平台自我展现，让他们参与整个商品的产销过程并平等地进行沟通，激发他们的创造力，分享购物体验并影响更多的消费群体。

（二）和粉丝一起玩

说到和粉丝一起玩，小米的"爆米花"活动可谓是典型范例，也是增强粉丝参与感的重要手段。"爆米花"活动不是路演，小米不做产品体验，也不做广告，就是和大家一起玩，为粉丝提供展示自己和认识新朋友的舞台。

自 2012 年至今，小米公司在中国大陆 30 多个城市以及台湾地区举办过小米"爆米花"，每场规模在 300 ~ 500 人，有抽奖、游戏、才艺、互动等多个环节，小米公司的所有创始人和团队主管都会到场，和米粉们聚在一起拍照、玩游戏，粉丝们还可以吃到专门为活动定制的香喷喷的爆米花。

根据"参与感三三法则"，"爆米花"让粉丝全程参与，首先会在论坛里投票决定在哪座城市举办；现场会有粉丝表演节目，表演者是提前通过论坛海选出来的；会场布置会有米粉志愿者参与；每一次"爆米花"结束的晚上，当地资深米粉还会和小米团队一起聚餐交流。

在这场欢乐的聚会中，小米铺上了红地毯，设计了 T 形舞台，通过社区数百万米粉选出了几十位在各个领域非常有代表性的资深米粉，为他们制作了专门的 VCR，请他们走上红地毯，去领取一份属于他们的"金米兔"奖杯。米粉们发现，在米粉的群体中，开始有了属于米粉自己的"大明星"。这些"大明星"平时就和他们一样活跃在小米论坛里，在新浪微博上，在米粉们自己的微信群中。这种参与感在"爆米花"活动中被推向了顶峰。

| 优化用户体验 |

如今是一个体验为王的时代，这一说法一点儿也不过分。今天消费者的话语权越来越强，如果你的产品做得好，不久就会口口相传；如果你的产品做得差，不久就会骂声一片。所有这一切在过去是不可想象的。但今天，每个人都可以发布信息，每个人的声音即使弱小，也总能被别人听到。在互联网时代，产品是否能够成功，用户体验越来越关键，用户买了你的产品，并非是与你结束了交易。恰恰相反，当用户拿起你的产品，使用你的产品的时候，用户体验之旅才真正开始，而用户的体验之旅是否愉快，将直接影响到你的口碑，影响到你的销售。

用户，就是目标人群，也就是我们一直在说的粉丝。体验，就是通过你的产品和服务，让你的目标人群在眼、耳、鼻、舌、身、意六方面获得感受。那体验的目的是什么？是通过获得的感受，让你的目标人群达到对你的认可甚至崇拜的状态。那怎样才能达到良好甚至美好的体验呢？那就是现在常说的极致的产品和服务。

（一）打造极致产品

21 世纪是全球化的世纪，也是品牌竞争的世纪。那么，什么是品牌？如图 5-3 所示，品牌三个口，第一口是产品，在互联网时代，离开产品谈品牌是不合理的。同样，离开产品谈情怀，也是不可取的。

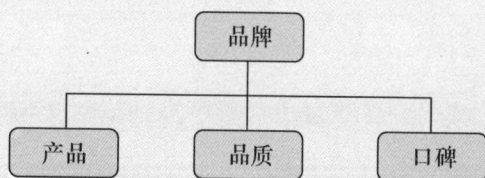

图 5-3　什么是品牌

第二个口是品质。"好的产品自己会说话"。正如迈克尔·哈默所说，"豪华大巴司机的微笑永远也不能替代汽车本身。"消费者更重视他们所得到的最终结果，再好的营销最终还是要靠产品来说话。在网络经济时代，消费者的消费心理及消费习惯正在发生着巨大变化，互联网手机需要一种全新的营销模式：提升产品的消费价值，创造好的产品，让好产品自己去说话。

第三个口是用户之口，即有口皆碑，口口相传。毕竟，好的产品本身就具有很强的传播性，很容易引发口碑效应。雷军经常在发布会的时候讲这句话："小米的产品态度，对细节的极致追求，愿意不厌其烦地改来改去。"雷军去任何一个地方演讲，都会在那个地方彩排两次，这让我非常佩服。而乔布斯要演讲的时候，都会把剧场包下来一个星期。这是对极致的追求。雷军会对大家说:"我们小米没有 KPI,如果有,我们只有两个 KPI。第一,用户用了产品之后是否尖叫;第二,你用了我们的产品之后,是否会推荐给你的朋友。"其实这就是一个标准,是关于"产品"的标准。

事实上,互联网时代发展至今,传统的商业游戏规则正在被颠覆:不再相信明星尖叫,而是相信用户尖叫;不再相信渠道尖叫,而是相信产品尖叫;不再相信广告尖叫,而是相信社交尖叫。过去企业拼渠道,未来企业必须拼产品,更准确地说,是拼"产品经理"的思维。CEO 的角色是什么?扮演战略角色、管理角色以及对外形象。这些是我们以前看到的,也成了固有认知。但今天,乔布斯、马斯克、张小龙,他们已经把 CEO 当作产品经理。以产品和用户颠覆市场已经成为这个时代的常态。"更好,更便宜"是今天颠覆的方式。

什么是产品?产品 = 功能 × 情感。功能是 1,情感是 0。功能好是必须的,在此基础上导入情感,情感体验超过功能体验,这是互联网时代的产品特征。同时我们也意识到,离开用户谈品牌、谈产品,基本上是没有温度的,是无源之水,无本之木。因为,未来的互联网会日益变得有温度、有情感、有味道。在互联网时代,信息对等而且传递迅速,唯有对产品和服务的极致追求才能带给用户物超所值的体验，带来口碑传播。

1. 什么是极致产品

极致单品并非单纯的淘宝或者微信爆款，淘宝爆款的目标是打造流行，为网站引流。"热门""低价"的基础款产品，便于大量销售。款式以市场跟风为主，热潮一过，又要追逐下一季爆款，难以长久。由于完全以价格取胜，品质难以保证，谁都可以制造爆款，最终各处都是这类的爆款产品。

然而，极致单品的目标是打造经典，创造长期口碑。只精选独特极品超值的个性化单品，以品质而非价格取胜。就如 LV 的包包，畅销的基本上都是经典款，但款式却并非当下流行的时尚款，价格很昂贵，但长盛不衰。

同时，极致单品应用面广，在服务业、B2B 行业、服务业、互联网产业都适合，并不局限于 B2C 零售行业。例如，雕爷牛腩餐厅、roseonly 花店、滴滴出行软件都是极致单品的打法，专心把一款简单的单品做到极致，就足以身价上亿。

2. 如何打造极致产品

什么才是好项目？这是一个至关重要的问题。大部分项目众筹失败的主要原因，不是因为不懂推广营销，而是一开始项目定位就错了！最核心本质的东西出了错误，失败是不言而喻的。

　　做极致单品如追求女神,选择比努力更重要,要开阔视野,放眼市场,海选天生丽质的美人胚子,从小培养感情。

　　在过去卖方市场的时代,好产品主要体现在品质、功效、性价比等理性因素上。而如今是用户为王的时代,顾客就是上帝,为了给上帝最好的体验,必须越来越多地考虑客户体验、情感、关系等感性因素。从卖家角度看项目,不能只看用户口碑好不好,还必须从经营风险、利润、竞争等多方面综合考虑。

　　因此,好的产品项目评判模式,要从两个方面进行:卖家和用户两个角度(理性、感性两个层面),在这几项衡量指标中都表现优异者,可称为极致单品,如图 5-4 所示。

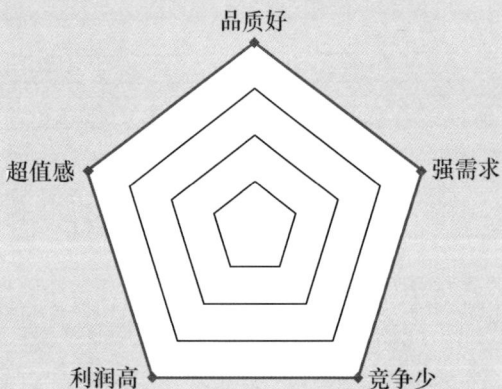

图 5-4　极致产品的衡量指标

（1）品质好

品质是最基本的硬指标。品质不过硬，再好的包装、再多的推广都没用。锤子手机就是一个失败的教训，再多的情怀也抚平不了品质不够的"伤"。在当今社交网络时代，市场信息空前透明，品牌口碑决定了其是否能生存。不少品牌创造者，善于玩概念、玩思维、玩模式、玩噱头，就是不能沉下心来老老实实把品质做好，吹牛吹太大，用户期望无限膨胀，最终失望就越大。打造极致单品，品质是根本。

（2）强需求

产品是为了销售，好产品必须满足目标人群的强需求，了解用户的诉求点，切中用户关注的一个痛点。不管这需求是物质层面的，还是精神层面的。小米就抓住了工薪收入一族的既要性价比高，又要有档次的双重需求。很多人放弃三星，使用苹果，只因为 iPhone 玩微信"不卡机"，新的产品都出了，手机也不会变卡。

不少厂家推出新产品，一出手就搞大规模招商、众筹、推广，这其实是很危险的。新产品上市初期，重点不在于大量推广，而在于验证产品适销性。通过小规模用户调研、试用、试销方式，才能具体了解市场需求有多强，购买率有多高。如此才能避免闭门造车。

（3）竞争少

现在做化妆品、做服装的微商，尤其是很多做面膜的微商都有疑惑：我的产品挺好，价格也不算贵，广告费也花了不少，为什么就卖不好？

他们无疑是陷入了一个致命的误区：选产品不仅看产品本身，更要看行业大环境。随着"双11"破500亿元，中国互联网市场已进入超级竞争态势，很多产品资质不错，只可惜生于红海，最终淹没在各色差不多的产品中！

竞争的最高境界不是"争"而是"避"，低端大路货最容易一窝蜂跟风，中小创业者一定要避实而击虚，尽量选择竞争少的细分、高端市场，以此避开红海，构建门槛。

（4）利润高

单个客户终身价值至少成千，最好上万。这里说的是利润额，而不是利润率。如单价1000元以下的产品，用户要求能长期保持高频率重购。

天气稍微转凉，微信上又出现卖秋裤的朋友，就算粉丝有30000人，而且达到10%的高成交率，也只能卖3000件，赚几万块钱，想轻松赚大钱，太难！卖服装、卖水果的微商都很类似，薄利多销，竞争大，干活累。何不逆市而为暴利少销，专做高定价、高利润、高品质的"三高"极致单品，只需专注少量精准客户，即可轻松盈利。

（5）超值感

超值感是相对的，超值并不等同于低价，超值是一种相对的感觉，让用户觉得超越期望值，自然就引爆了口碑，一传十，十传百。例如，三星高端手机初上市价格较高，后续就开始降价或打折，大家觉得便宜了，就赶紧跟进。

（二）完善专业服务

在市场经济条件下，服务理念已逐渐被企业家所重视，企业的营销环境发生了巨大的变化，高科技的广泛应用，信息高速流动，产品硬件标准趋同；公平、有序的市场竞争环境逐渐形成；商品的品种、质量和价格大体相当；利润已低到接近成本。这一切使价格竞争达到极限。所以，谁能为顾客提供优质服务，谁就能赢得顾客，赢得市场。服务竞争正是适应这一规律而生的，它是对传统竞争模式的变革。

在买方市场中，求生存的最佳途径是提高顾客满意度，对产品或服务理念的满意度很大程度上要看营销的服务理念是否让人感到亲切。首先，顾客所购买的不是产品，而是期望，他们不仅要获得冷冰冰的实体产品，更多的是要在获得实体产品的同时获得心理满足。根据《美国营销策略谋划》的研究结果：91% 的顾客会避开服务质量低的公司，其中 80% 的顾客会另找其他方面差不多，但服务更好的企业，20% 的人宁愿为此多花钱。因此，做好服务工作，以真诚和温情打动消费者的心，培养"永久顾客"，刺激重复购买，才是企业谋求长远利益的上策。

而不满意的顾客将带来高成本。企业失去的客户有 68% 是因为对服务质量不满意，每 1 位投诉的用户背后都有 26 位同样不满但却保持沉默的用户，而他们会把自己的感受告诉 8 ~ 16 个人，所以走掉一位老顾客的损失是要争取 10 多位新客户才能弥补的，不满意的顾客会带来高成本。换句话说，良好的服务所节省的最大成本就是换回老顾客要投入的成本。特别是在众筹结束后产品发货的时期，以下几点要特别注意。

1. 留有充足的时间，按时发货

第一次做众筹的时候，我们往往对自己太有信心，没有数据支撑，早前承诺的时间不准确，对后来的发货带来了一定的麻烦。我们也许在承诺时间的时候，以为只要提前把材料都准备齐全，工厂也提前都准备好，包装设计全部做好，绝对可以按时发货，但我们会忽略后面的一系列工作。以产品发货为例，打单、包裹等环节是琐碎复杂的，时间远远超出了预期。这样导致的直接后果就是四面八方的询问、投诉不断，客服忙得手忙脚乱；产生的负面影响就更不用说了，也许会因为这样的小事使投资者对我们产生质疑。

2.选择服务好的快递公司

发货是很琐碎的事情，一定要选择一个口碑好的快递公司。给用户的第一印象很重要，不要贪图便宜，找那些信誉差、服务差的快递公司，一旦出现漏单、遗失、多发等问题，会让你痛苦不堪，不但投进去了很多人力物力，还给用户留下不好的第一印象，真可谓赔了夫人又折兵。

3.及时优化产品品质

很多人做众筹是为了获得产品曝光的平台，吸引投资方和代理商，第一批用户相当于产品的小范围试水，看看大众的反应及产品的适销性。

众筹获得种子用户的意见和建议对产品的改进和完善是非常有帮助的，做好售后服务，积极处理用户提出来的问题，加快优化和完善产品的速度，保住第一批粉丝的拥护，更重要的是对产品后续的发展有决定性影响。

4.保持诚实透明的原则

诚实永远是一家企业最重要的政策之一，对于通过众筹方式建立的企业尤其如此。向投资人做出无法兑现的承诺，是一个必须要避免的错误。在面对 1 ~ 2 个投资人的时候，这种过度承诺已经足够给企业带来巨大的打击，而当你的投资人数量成百上千的时候，这些投资人给你的不仅是他们的钱，还有他们对你的信任，如果你无法兑现当初的承诺，这将足以毁灭你的公司。因此你必须诚实地面对你的投资人。在一些情况下，企业的发展可能没有按照你当初设想的道路前进，有的时候是你的错，有的时候不是你的错，但是无论如何，你都不要试图向投资人掩盖当前的状况。

Chapter 6

不可回避的法律风险

| 众筹面临的法律风险 |

在国内现行法律法规的大背景之下，根据目前国内线上众筹（众筹平台）及线下众筹（无众筹平台）的模式，毫无疑问，众筹面临诸多法律风险。这正如某前央行退休官员所说："对于传统互联网创业者来说，如果失败了可以从头再来，最多是面临巨大经济损失甚至破产，而对于互联网金融创业者而言，如果逾越了法律红线，则可能进去出不来了。"这无疑说明了互联网金融可能存在巨大的法律风险，而目前众筹又是互联网金融模式中存在法律风险最大的一种模式。本节将具体详尽地阐述众筹所面临的法律风险，见图 6-1。

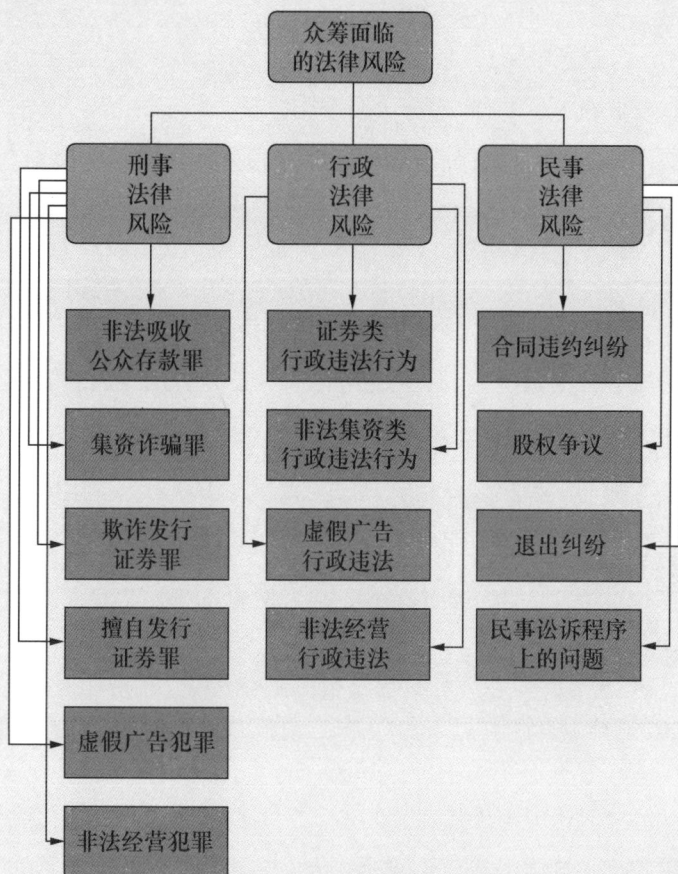

图 6-1 众筹面临的法律风险

（一）刑事法律风险

结合现行刑法的有关规定看众筹，众筹可能面临如下几类刑事犯罪法律风险。

1. 非法吸收公众存款罪

众筹在中国可能遇到的第一个刑事法律风险，就是可能触犯刑法规定的非法吸收公众存款罪。

非法吸收公众存款的显著特征：未经人民银行批准，擅自向不特定的社会公众吸收资金，承诺回报，最终造成了经济损失。

最高法院对《刑法》第176条非法吸收公众存款罪的司法解释中认定，个人实施非法吸收公众存款，只要数额在20万元以上或者人数在30户以上即追究刑事责任；单位实施非法吸收公众存款，只要数额在100万元以上或者人数在150户以上即被追究刑事责任。很多人对非法集资有种误解，认为只要不公开，只要对象不超过200人就不算非法集资，其实这是一种错误的认识，是把非法集资与非法证券类犯罪的立案标准搞混淆了。

2. 集资诈骗罪

众筹在中国可能面临的第二个刑事法律风险就是可能触犯刑法规定的集资诈骗罪。如广东邦家就是一个典型的案例，所谓的"融资租赁"其实就是一场伪装成众筹、借鸡生蛋的金融骗局，行骗16省市、涉案金额近百亿元、受害者多达23万余人次，最终，主犯蒋洪伟被广州市中级人民法院以集资诈骗罪判处无期徒刑。

近年来，金融诈骗手段"花样翻新"，涉案金额和受害人数不断上升。特别是在互联网金融领域，有不少打着"众筹"的旗号实为诈骗的投资陷阱，那么，什么是集资诈骗罪呢?

根据《刑法》第 192 条规定，集资诈骗罪是指以非法占有为目的，使用诈骗方法非法集资的行为。集资诈骗犯罪性质比非法吸收公众存款犯罪更为恶劣严重，最高刑可以处以死刑。由《刑法》规定可见，刑法对于非法集资类犯罪采取极其严厉的立法态度，甚至将集资诈骗类犯罪规定为重刑。而众筹的大众参与集资极容易与非法集资关联起来，因此，资金类众筹与非法集资犯罪存在着天然的联系，可以说是游走在犯罪边缘，稍有不慎出现越界，就有可能触犯非法集资的法律红线。

根据众筹模式结合上述解析，对于债权类众筹而言，最容易涉及上述两大非法集资类犯罪。如果采用资金池的方法吸收大量资金为平台所用或者转贷他人获取高额利息，则该类债权众筹存在极大的法律风险，一旦达到刑事立案标准，则可能涉嫌非法吸收公众存款罪。如果债权类众筹虚构项目，将吸收的资金挪作他用或者用于挥霍，或者携款潜逃，则该类债权众筹涉嫌集资诈骗罪。

3. 欺诈发行证券罪

众筹可能涉及的一种非法证券类犯罪是欺诈发行证券罪。

我国《刑法》第 160 条第一款规定："在招股说明书、认股书、公司、企业债券募集办法中隐瞒重要事实或者编造重大虚假内容，发行股票或者公司、企业债券，数额巨大、后果严重或者有其他严重情节的，处五年以下有期徒刑或者拘役，并处或者单处非法募集资金金额百分之一以上百分之五以下罚金。"

虽然对于大多数众筹而言，不太可能去发行根本不存在的股份，但是夸大公司股份价值和实际财务状况还是可能出现的，因此，我们需要充分认识该类犯罪的实质。

4. 擅自发行证券罪

众筹可能涉及的一种非法证券类犯罪是擅自发行证券罪。

根据《刑法》第 179 条规定，公开发行股份必须经国家有关主管部门审批，否则可能涉嫌非法证券类犯罪。而股权类众筹最有可能触犯的罪名是擅自发行股份罪。如果股权众筹平台或者发起人发起股权众筹，以公开的方式向不特定的人招募，或者向超过 200 位特定人公开募集股份，则构成擅自发行股份罪。根据司法实践，基于 SNS 社交平台进行的宣传或推广，属于公开方式。

擅自发行证券罪可能如影随形地跟随着股权类众筹的发起人。该类犯罪"天生与股权类众筹有缘"，在当下也是股权类众筹最容易触碰和最忌惮的刑事犯罪。

前几年，有家科技公司召开"定向增资扩股"发布会，这家公司在发布会上声称，是国内一家高科技领先企业，产业遍布全国，并即将在某区域性股权市场挂牌上市。此轮通过股权众筹方式的定增资金主要用于进一步开展公司业务，并且这家公司还提出了"原始股受让"方案：投资者通过认购股份受让相应数量原始股，并承诺获取高额收益。此消息发布后，立刻引发了投资人的认购热潮，600 余人签约股权众筹定增协议。这家公司最终收取了近 1 亿元的资金，然而，两个月后，这家公司就消失了。很显然，这家公司涉及的就是擅自发行股票罪。

由此可见，债权类众筹最可能触犯非法吸收公众存款罪、集资诈骗罪；股权类众筹最可能触犯虚假发行股份罪及擅自发行股份罪。规范类运作的回报类众筹和捐赠类众筹，一般不会触犯刑事法律风险。如果假借众筹从事犯罪活动，则可能触犯集资诈骗犯罪。

5. 虚假广告犯罪

除了上述几类主要刑事法律风险之外，作为众筹的平台，还可能面临虚假广告犯罪和非法经营犯罪的法律风险。

如果众筹平台应知或明知众筹项目存在虚假或扩大宣传的行为而仍然予以发布，并且造成了严重的后果，达到了刑事立案标准，则涉嫌虚假广告犯罪。

6. 非法经营犯罪

如果众筹平台未经批准，在平台上擅自销售有关的金融产品或产品，并且造成了严重后果，达到了刑事立案标准，则涉嫌非法经营犯罪。

（二）行政法律风险

与刑事犯罪法律风险相对应，众筹在中国可能会遇到如下几类行政法律风险。

1. 证券类行政违法行为

如果未经批准擅自公开发行股份，在未达到刑事立案标准的情况下，则构成行政违法行为，依法承担行政违法责任，由证券监督机关给予行政处罚。

2. 非法集资类行政违法行为

如果非法集资行为未达到刑事立案标准，则构成行政违法行为，依法承担行政违法责任，由人民银行给予行政处罚。

3. 虚假广告行政违法

如果众筹平台应知或明知众筹项目存在虚假或扩大宣

传的行为而仍然予以发布，但尚未达到刑事立案标准，则涉嫌虚假广告行政违法。

4. 非法经营行政违法

如果众筹平台未经批准，在平台上擅自销售有关的金融产品或产品，但尚未达到刑事立案标准，则涉嫌非法经营行政违法。

（三）民事法律风险

由于众筹天然存在的大众参与集资模式必然涉及人数众多，导致大家利益安排不一致，关切点也不尽相同。除了可能会面临前面所说的刑事法律风险和行政违法法律风险之外，必然会伴随如下民事法律风险发生。

1. 合同违约纠纷

众筹最可能存在的合同违约，主要表现在产品质量不符合约定、交货期不符合约定、不能如期提交约定回报结果、不能如期还款造成的债务纠纷等。

2. 股权争议

股权类众筹还可能引发股权纠纷及公司治理有关的纠纷。此外，采取股权代持方式的股权类众筹，还可能存在股权代持纠纷等。

3. 退出纠纷

股权类众筹还涉及退出问题，如果没有事先设计好退出机制或者对退出方式设计不当，极容易引发大量的纠纷。

4.民事诉讼程序上的问题

除上述民事实体上存在的法律风险之外，众筹在民事诉讼程序上也存在诸多问题，如诉讼主体资格确定问题、集团诉讼问题、电子证据认定问题、损失确定标准问题、刑民交叉及刑事附带民事诉讼等诸多程序问题。

因此，参与众筹，我们不仅不能触碰刑事法律红线、行政违法法律红线，在模式设计上，也需要严格履行有关法律手续，完善有关法律文件，设定好众筹规则，将每一个操作流程进行细化，转化为一个个法律问题，然后用一个个法律文件固化下来，保证众筹顺利进行，避免不必要的民事法律争议发生。一旦发生纠纷，对众筹的后续发展和最终结果影响极大。

| 众筹和非法集资的区别 |

由于众筹金融与非法集资行为的形式要件高度契合。众筹金融具有非法集资的 4 个典型特征：未经批准、向社会公开宣传、承诺回报、向不特定对象吸收资金。所以，众筹金融与非法集资犹如楚河汉界，稍不留意，可能涉及非法经营罪，擅自发行股票、公司、企业债券罪等。要分清众筹与非法集资，首先必须明确两者的概念与区别。

（一）概念区分

众筹是指项目发起人利用互联网和社交网络传播的特性，发动公众的力量，集中公众的资金、能力和渠道，为小企业、创业者或个人进行某项活动、某个项目或创办企业提供必要的资金援助的一种融资方式。相比于传统的融资方式，众筹的精髓就在于小额和大量。众筹的门槛低，而且不再以是否拥有商业价值作为唯一的评判标准，这为新型创业公司的融资另辟蹊径。

非法集资是未经有关部门依法批准，承诺在一定期限内给出资人还本付息。还本付息的形式除以货币形式为主外，也有实物形式和其他形式，向社会不特定的对象筹集资金。

（二）众筹与非法集资的区别

众筹与非法集资的区别主要体现在 5 个方面，如表 6-1 所示。

表 6-1　众筹与非法集资的区别

名称 不同点	众筹	非法集资
产生的时代背景不同	网络等新经济成长繁荣的后工业时代	工业时代

名称 不同点	众筹	非法集资
公众的参与度 不同	强调的是参与感，这种参与是全方位的，参与众筹的人和项目、发起人之间是你中有我、我中有你的关系	筹资人通过资金的聚集去做实业项目或进行资本营运，主要分为借贷或股权投资两种模式，在借贷中出借人的诉求是资金的回报，基本不参与项目的管理
目的不同	众筹对发起人而言不仅是追求资金，还需要得到大家智慧的滋养、口碑的传播	非法集资主要是解决资金短缺的问题
风险不同	众筹是一种理性的市场行为，对募集的项目而言资金压力较小	非法集资一般以提供远高于银行利息、基金信托产品的收益率等的方式提供回报，项目还款压力大
运作方式不同	众筹是一种新经济的运作形态，公开透明是其主要核心价值观	非法集资项目的发起方公开的信息非常有限，他们遵循商业秘密的保护

1. 两者产生的时代背景不同

众筹产生在网络等新经济成长繁荣的后工业时代，创业者通过微信、微博、互联网等网络工具或者专门的众筹网站发起自己的众筹项目，快速地聚集感兴趣的小伙伴。

非法集资罪产生的背景是工业时代，在我国则打上了很深的计划经济的烙印。在计划经济时代，金融秩序是国家垄断的、不容民间资本、国外资本染指的领域，后来虽然建立了社会主义市场经济秩序，但这套思维观念还根深蒂固。非法集资涉及非法吸收公众存款罪、集资诈骗罪、欺诈发行股票债券罪、擅自发行股票、公司、企业债券罪等罪名，其中一些罪名的设置是为了维护现行金融秩序安排的。

2. 公众的参与度不同

众筹是"集众人之智，筹众人之力，圆众人之梦"，将产品和更多的人连接。众筹强调的是一种参与感，这种参与是全方位的，参与众筹的人和项目、发起人之间是一种你中有我、我中有你的关系。集资则是筹资人通过资金的聚集去做一个实业项目或进行资本的营运，主要分为借贷或股权投资两种模式，在借贷中出借人的诉求是资金的回报，基本不参与项目的管理。

3. 目的不同

众筹对发起人而言不仅是追求资金，还需要得到大家智慧的滋养、口碑的传播；而集资的目的则比较简单，主要是解决资金短缺的问题。由于可供抵押的资产有限、自身实力不够，从银行、信托等传统的融资渠道获得资金很难，项目的吸引力不大，从私募股权基金、天使基金等渠道融资的难度也大，所以只能通过提供较高的回报来从民间募集。

4. 风险不同

股权众筹以募集资金召集志同道合的合伙人为目的，不以提供固定的回报来制定众筹计划，而会员众筹和交预付款方式的众筹所提供的物质回报也一般是以折扣或其他优惠方式体现，相对而言是一种理性的市场行为，对募集的项目而言资金压力较小。

非法集资则不同，非法集资一般以提供远高于银行利息、远高于基金信托产品的收益率等方式提供回报，因此项目的还款压力非常大，很多项目就是由于承诺的回报太高难以兑现从而丧失信用或导致公司破产。

5. 运作方式不同

众筹是一种新经济的运作形态，项目的启动、市场定位、众筹计划的发布、产品的研发、产品的制作等各环节都全方位地公布信息。公开透明是众筹的核心价值观，而非法集资项目的发起方公开的信息是非常有限的，他们遵循商业秘密的保护。参与股权投资的人在参与项目前一般需要签订保密协议。上市公司这样的公众公司一般也只是对重大的经营行为、关联交易等活动进行信息公开，而且很多是通过年报、半年报等事后方式进行公告的，不够及时。

非法集资是非法吸收公众存款或者变相吸收公众存款，是指违反金融管理法律规定，采用公共或者变相公开方式，向社会公众（包括单位和个人）吸收资金或者变相吸收资金，并承诺在一定期限内以货币、实物、股权等方式还本付息或者给付回报的行为。众筹的行为特征和非法集资存在比较大的差别，股权众筹并不以提供固定的回报为目的，会员众筹等也是以一种理性的市场优惠的方式回报，众筹通常都是以经营一个实业为目的的，不是为了资本的运营而筹集资金，是一种正常的生产经营行为。

| 众筹中的法律风险规避 |

众筹作为互联网金融的一种类型，与其他互联网金融模式相比，其法律风险最为突出和明显。可以说，众筹的最大风险就是法律风险。近两年出台的一些相关法规政策，如 2014 年 3 月 25 日最高人民法院、最高人民检察院及公安部联合印发的《关于办理非法集资刑事案件适用法律若干问题的意见》，2014 年 4 月 21 日六部委联席会议《关于打击非法集资类犯罪的意见》，都对众筹产生一定的影响。

在目前的大环境下，社会民众对可能会触犯法律法规的众筹心存疑虑，需要了解如何规避众筹中的法律风险。学习如何规避法律风险也成为参与众筹首要的一课。下文将从刑事及行政、民事法律方面具体阐述如何规避法律风险。

（一）刑事及行政法律风险规避

众筹可能触犯两大类刑事法律风险和两大类行政法律风险，其实行政法律风险与刑事法律风险具有关联性和对应性，未达到刑事立案标准的，为行政违法行为，达到刑事立案标准的，则为犯罪行为。

由于众筹类别不同，下文将对不同的众筹模式逐一进行分析。

1.股权类众筹

股权类众筹是目前法律风险最大的一类众筹，也是未来发展空间最大的一类众筹模式，其最可能触碰的刑事法律风险是非法证券类犯罪，归属于公检法受理和管辖。若达不到刑事立案标准，则属于非法证券类行政违法行为，归属于证券监督管理机关受理和管辖。

那么，如何避开非法证券类的刑事或行政法律风险呢？在目前监管层对互联网金融持积极开放的态度下，证监会已经开始调研股权类众筹存在的相关问题。

为了避免上述法律风险存在，股权类众筹可以创新，但注意不要碰以下几条法律红线。

第一条法律红线：不向非特定对象发行股份。

第二条法律红线：不向超过 200 个特定对象发行股份。

第三条法律红线：不得采用广告、公开劝诱和变相公开方式发行股份。

第四条法律红线：对融资方身份及项目的真实性严格履行核查义务，不得发布风险较大的项目和虚假项目。

第五条法律红线：对投资方资格进行审核，告知投资风险。

第六条法律红线：不得为平台本身公开募股。

如果股权类众筹能够做到上述几个方面，严格恪守法律红线，则股权类众筹可能会避开非法集资类刑事或行政类法律风险。

在具体操作层面上，作为股权众筹平台，应做好需求两端的严格审查和限定，对投资人资格进行严格审查，并告知投资风险，只有经过注册且通过严格审核的投资人才具备资格，才可能看到投资方的项目。相应地，平台需要对项目发布方的股东信息、产品信息、公司信息进行严格审查，必要时实地查看，做好法律、财务、商务 3 个方面的尽职调查。

在需求对接上，每次只允许不超过 200 人的投资人看到推荐的项目，具体的投资洽谈需要在线下以面对面的方式进行，为了避免人员过多的问题和代持造成的问题，对选定的投资人采用设立有限合伙企业合投方式进行。通过严格的设定，避免触碰上述的 6 条法律红线。

2. 回报类众筹

相对而言，回报类众筹是法律风险最小的众筹模式。但是如果回报类众筹不能够规范运作，使融资方有机可趁发布虚假信息，则可能产生集资诈骗的刑事法律风险，若未达到刑事立案标准，则可能构成非法金融类行政违法行为。

为了避免上述法律风险，回报类众筹需要注意不要碰以下几条法律红线。

第一条法律红线：严格审查项目发布人的信息、相关产品或创意的成熟度，避免虚假信息发布。

第二条法律红线：对募集资金严格监管，保证回报产品按约履行。

第三条法律红线：众筹平台不要为项目发起人提供担保责任。

如果回报类众筹能够做到上述几个方面，严格恪守法律红线，则回报类众筹可以避开非法集资类刑事或行政类法律风险。

3. 债券类众筹

债权类众筹表现的一般形式为 P2P（Peer to Peer Lending）模式，其最可能触碰的刑事罪名是非法集资类犯罪，主要是非法吸收公众存款和集资诈骗，属于公检法司法机关受理和管辖的范围。同样，如果尚未达到非法集资的刑事立案标准，则其可能构成非法金融行政违法行为，属于人民银行监管处罚的范围。

那么，如何避开非法集资类的刑事或行政法律风险呢？在目前监管层对互联网金融持积极开放的形势下，债权类众筹可以创新，但不要触碰法律红线，如果不去触碰央行官员划定的 3 条法律红线，债权类众筹则可能避开非法集资类的刑事犯罪或行政违法风险。

为了避免上述法律风险存在，债权类众筹需要注意不要碰以下几条法律红线。

第一条法律红线：当前相当普遍的理财资金池模式，即 P2P 平台将借款需求设计成理财产品出售，使投资人的资金进入平台中间账户，产生资金池。

第二条法律红线：不合格借款人导致的非法集资风险，即 P2P 平台未尽到对借款人身份的真实性核查义务，甚至发布虚假借款标的。

第三条法律红线：典型的庞氏骗局，即 P2P 平台发布虚假借款标，并采取借新还旧的庞氏骗局模式，进行资金诈骗。

根据上述划定的 3 条法律红线，债权类众筹要把自己充分定位为中介平台，回归平台类中介的本质，为投资方与资金需求方提供准确的点对点服务，不得直接经手资金，不得以平台为资金需求方提供担保，不得以平台承诺回报，不得为平台本身募集资金，不得建立资金池，并且要严格审查融资方的信息，严防虚假融资信息的发布。

如果债权类众筹能够做到上述几个方面，严格恪守法律红线，则债权类众筹可能避开非法集资类刑事或行政类法律风险。

4. 捐赠类众筹

捐赠类众筹如果规范运作的话，不存在任何法律障碍。但是如果被虚假公益项目信息发起人利用，则可能触碰集资诈骗类刑事法律红线。

为了避免上述法律风险存在，回报类众筹需要注意不要碰以下几条法律红线。

第一条法律红线：严格审查项目发布人资格、信息，以及公益项目的情况。

第二条法律红线：对募集资金严格监管，保证公益类项目专款专用。

如果公益类众筹能够做到上述几个方面，严格恪守法律红线，则公益类众筹可以避开非法集资类刑事法律风险。

为了方便大家查询，我将各类众筹需要规避的法律风险列成表格（见表6-2），可使大家一目了然。

表6-2　各类众筹需要规避的法律风险

众筹模式	不可触碰的法律红线
股权类众筹	第一条法律红线：不向非特定对象发行股份 第二条法律红线：不向超过200个特定对象发行股份 第三条法律红线：不得采用广告、公开劝诱和变相公开方式发行股份 第四条法律红线：对融资方身份及项目的真实性严格履行核查义务，不得发布风险较大的项目和虚假项目 第五条法律红线：对投资方资格进行审核，告知投资风险 第六条法律红线：不得为平台本身公开募股
回报类众筹	第一条法律红线：严格审查项目发布人的信息、相关产品或创意的成熟度，避免发布虚假信息 第二条法律红线：对募集资金严格监管，保证回报产品按约履行 第三条法律红线：众筹平台不要为项目发起人提供担保责任
债券类众筹	第一条法律红线：当前相当普遍的理财资金池模式，即P2P平台将借款需求设计成理财产品出售，使投资人的资金进入平台中间账户，产生资金池 第二条法律红线：不合格借款人导致的非法集资风险，即P2P平台未尽到对借款人身份的真实性核查义务，甚至发布虚假借款标的 第三条法律红线：典型的庞氏骗局，即P2P平台发布虚假借款标，并采取借新还旧的庞氏骗局模式，进行资金诈骗
捐赠类众筹	第一条法律红线：严格审查项目发布人资格、信息，以及公益项目的情况 第二条法律红线：对募集资金严格监管，保证公益类项目专款专用

（二）民事法律风险规避

众筹还存在诸多的民事法律风险，为了避免不必要的民事法律争议，在众筹模式设计及具体的交易流程设计上，要把每一个细节用法律文本固化下来，避免约定不明引起争议。

作为众筹平台，应当设立好众筹规则，参与者必须遵守众筹规则。相关各方与众筹平台应当有一份比较完整的协议，这个协议如果在线上完成，则以电子签名的方式进行，平台应做好流程及文档管理。

对于需求双方，就具体的债、股权投融资应做好具体协议的签署工作。如果在线上进行的话，可以电子签名的方式进行，平台应保管好整个电子文档备查。

对于众筹过程中发生的股权代持问题，一定要签署好股权代持协议，对股权代持的有关问题进行详细的约定，避免争议。

作为众筹结构中的三方，投资方、平台及需求方（众筹发起人），应各自明确责任，根据各自在交易中的地位签署相应的法律协议。如果众等结构中因需要涉及更多的第三方（如资金监管方、担保方），应根据其在众筹中的权利义务做好协议安排，明确权责。

如果能够在众筹中做好以上几个方面，众筹可能会避免不必要的民事法律争议，从而有效地避开民事法律风险。

| 众筹中知识产权的保护 |

作为互联网金融时代重要的融资方式之一。众筹融资为创业者和投资者都提供了便利，但也存在一定的风险。其中，知识产权风险尤其需要防范。众筹项目是创意者的智慧结晶，多是创意类、个性化项目。融资者为了更有效地获得资金支持，需要将创意方案、商业计划书等放在众筹平台上。由于众筹网站的公开性和面向对象的不确定性，在产品提交众筹过程中，如果未能提前做好知识产权以及商业秘密保护的话，众筹也可能会成为创业或创新的"绞肉机"，或被剽窃后放在其他众筹平台上进行众筹，或被着手实施。

如此一来，项目发起人与投资者都会遭受不可估计的损失。一些项目发起人选择披露部分产品或创意细节，虽然能在一定程度上达到保护知识产权的目的，但也使得投资人看不到完整的、关键的项目和产品创意信息，无法做出投资决策，降低了投资热情。这是大量的股权类众筹及高科技产品的回报类众筹难以吸引投资的重要原因。

市场上不乏由于缺乏知识产权的保护而导致的"惨剧"。产品众筹尚未结束，一些抄袭山寨产品已经大量充斥市场，待众筹的产品上市时，发现市场已饱和。

曾经一度火爆的"手机智能按键"（如小米的"米键"，360的"智键"），已知的创意最早可能出现在2013年。有资料显示，早在2013年8月，一个叫"Pressy"的产品就在众筹网站Kickstarter发起了一个"手机智能按键"的项目或产品众筹。Pressy的想法非常巧妙，在耳机插孔上装一个按钮，从手机的耳机电路取得驱动电流，再驱动麦克风电路产生简单的按钮电平，最终通过手机上的应用采集麦克风电平，来识别按钮是否被按下，并根据按下的次数和长短做相应的动作（类似于莫尔斯电码）。

由于该众筹项目的想法和介绍都非常精彩吸引人，再加上价格不过十几美元，两位项目发起者在众筹平台迅速募集到了超过预期20倍的约400万元人民币的资金！欣喜若狂的项目发起者原本计划2014年上半年正式发布产品，结果，还未等其产品正式发布，效仿者们的产品已经蜂拥上市，仅国内就有小米推出的"米键"、360推出的"智键"等。

事实上，在众筹发起者Pressy的计划中，其众筹的资金中原计划花2000美元撰写专利申请保护，结果专利尚未提交申请、产品未真正做出来，市场已经完全被其他厂商"包抄"和"抢占"。对于众筹而言，知识产权无异于生命线。

（一）项目发起人如何保护知识产权

项目发起人保护知识产权主要涉及三方面内容：一是著作权保护，二是专利权保护，三是商标权保护。

1. 著作权保护

著作权登记是项目发起人保护其商业方案等文稿、图形、模型著作权的有效途径。我国已经建立了包括作品登记、计算机软件登记、质权登记制度及著作权合同登记和备案等相关制度在内的著作权登记制度，内容已比较完善。

项目发起人可依据国家版权局 1994 年颁布的《作品自愿登记试行办法》对商业方案、计划、产品设计图、示意图、模型等进行著作权登记，著作权登记由中国版权保护中心负责，一般在申请受理后 30 个工作日内即可完成办理，登记后可在中国版权保护中心网站上进行查询。登记后获得的著作权登记证书是证明著作权人权利的重要依据，《最高人民法院关于审理著作权民事纠纷案件适用法律若干问题的解释》进一步确认了著作权登记证书的法律效力。在项目发起人将自己的商业方案等在众筹网站公开前进行著作权登记，有助于解决著作权归属造成的著作权纠纷，防止他人抄袭、复制，维护著作权人合法权益。

仅仅关注著作权保护是不够的，《著作权法》仅对商业策划书、产品设计图稿、技术改进方案、影视节目策划书等作品本身进行保护，而盗用上述作品后付诸实施则无法获得《著作权法》的保护，往往还需要专利权与商标权保护。

2. 专利权保护

一般而言，众筹项目涉及研发新技术时应在立项前进行专利检索，了解现有专利技术中相关技术的发展情况，并在研发的过程中进行跟踪检索。在符合专利申请条件后，应立即申请专利。但是，从专利申请到通过审批的周期较长，尤其是发明专利的申请，耗时耗力。同时，专利权保护还受到地域限制。众筹网站上公布的项目全球都能检索到，这给专利权保护带来更大挑战。

为应对上述问题，首先，基于实用新型专利授权周期相对较短，众筹项目发起人在申请发明专利的过程中，可以同时申请实用新型专利。根据《专利权法》第9条规定："同样的发明创造只能授予一项专利权。但是，同一申请人同日对同样的发明创造既申请实用新型专利又申请发明专利，先获得的实用新型专利权尚未终止，且申请人声明放弃该实用新型专利权的，可以授予发明专利权。"这可以使得众筹项目中的技术创新在较短时间内获得专利保护。

其次，解决专利申请时间问题的另一重要途径是申请发明专利的优先审查。依据 2012 年 8 月 1 日起施行的《发明专利申请优先审查管理办法》，众筹中涉及节能环保、低碳技术、新一代信息技术、生物、高端装备制造、新能源、新材料、新能源汽车等技术领域的重要发明专利申请，可提出优先审查，自优先审查请求获得同意之日起一年内结案，这大大缩短了众筹项目中发明专利申请的时间。

再次，众筹网站上的项目可以在全球范围内查阅，运用优先权保护发明专利也很有必要。涉及跨境问题，一方面，依据《专利法》第 29 条第一款的规定："申请人自发明或者实用新型在外国第一次提出专利申请之日起十二个月内，或者自外观设计在外国第一次提出专利申请之日起六个月内，又在中国就相同主题提出专利申请的，依照该外国同中国签订的协议或者共同参加的国际条约，或者依照相互承认优先权的原则，可以享有优先权。"

最后，我国是《专利合作协定》（Patent Cooperation Treaty，PCT）的成员国，提交 PCT 国际专利申请有利于专利权在多国得到保护，但 PCT 申请费用较高（虽然在满足一定条件的前提下可以获得减免）且耗时长，小额融资的众筹项目不适宜。

不过，需要注意的是，专利的保护并不是无期限的，发明专利的保护期是 20 年，实用新型和外观设计的保护期是 10 年，到期后权利人则不再独占，其他人都能免费使用。建议涉及专利权的项目先通过一轮天使投资，完成初步的研发、生产准备后再进行众筹融资。

3. 商标权保护

商标揭示了商品或服务的来源，承载的是商誉和质量保证。根据我国《商标法》的规定，通过申请注册取得商标专用权是商标权取得的法定方式，尽管《商标法》修订后引入诚实信用原则，也增加了对恶意抢注的限制，但《商标法》对注册商标的保护总体上明显强于对未注册商标的保护。现行《商标法》对于未注册驰名商标或为相关公众所熟知的商标提供使用在先的保护，但众筹项目中的商标大多达不到为公众所熟知的标准，申请注册才能获得更有效的权利保障，项目发起人切不可因项目或企业刚起步、商标价值不高而忽视商标注册。

目前，商标申请注册的流程有所简化，商标局收取的管理费加上代理机构的代理费也不过 1000 余元。由于众筹网站的开放性，商标被他人抢先注册，待商标价值提升时再不得不从他人处购得商标或是被起诉商标侵权都代价不菲。以较小的花费获得 10 年的商标权保护是一个不错的选择，到期后续展的费用也并不高。即使商标注册后由于众筹未完成等原因暂时未付诸使用也没有关系，只有在没有正当理由的前提下连续三年不使用，其他单位或个人才可向商标局申请撤销。

涉及商标问题，项目发起人还可以寻求《反不正当竞争法》的保护。2013 年修订后的《商标法》第 58 条规定，将他人注册商标、未注册的驰名商标作为企业名称中的字号使用，误导公众，构成不正当竞争行为的，依照《中华人民共和国反不正当竞争法》处理。

（二）众筹平台如何保护项目发起人的知识产权

众筹平台对项目发起人的知识产权采取必要的保护措施是提高平台核心竞争力的体现，能吸引更多的众筹项目。

众筹平台应强化知识产权保护意识。建立健全的机制，不能让没有投资意愿的人在平台上窃取他人的创意。可以设置项目查阅条件，只有在平台注册并经平台审查确认为合格投资者的人才有权查看项目的关键创意信息。

平台对众筹项目进行筛查。通过筛查这种方式，防止具有侵权问题的项目上线。提醒项目发起人申请知识产权保护。为权利人提供必要的协助。当项目发起人遭遇知识产权侵权时，平台为其提供相应的证据。

与项目发起人签订保密协议。通过协议的签订，确保关于项目的信息得到足够的保护，维护项目发起人的合法权益。

Chapter 7

"宋小蜜"的奇迹

| "宋小蜜" 的前世今生 |

　　人生会因为一件小事或某一个人而发生改变，事业的发展也是如此。我与"宋小蜜"的情缘就因父亲生病而起。那是在 2013 年 9 月，一向身体还不错的父亲突然病倒住院了，这让我有些不知所措，心情也十分沉重。

　　父亲的生病让我不由自主地想起"子欲养而亲不在"这句话，十分感伤，也有些害怕，于是，就萌生了替父亲做些什么、尽尽孝心的想法。其实，我在创建企业时，都不断在推崇孝心、爱心，只不过，父亲这次的生病让我对孝心有了深一步的理解，明白了孝心是有期限的。有多少人忙忙碌碌，总认为孝敬父母是今后的事情，等自己赚到了钱，一定要好好孝敬父母，可结果有多少人直到最后也未能做到呢？有些事情一旦错过了，就会成为终生的遗憾。

那么，什么是孝心呢？平常对父母点点滴滴的好就是最大的孝心。为了让父亲少操劳、多开心，我想在父亲七十大寿时，给他送上一份特殊的礼物。但我觉得表达孝心最好的方式并不一定是礼物，而应该是想父母所想，替父母完成他们未能完成的心愿，我一直在寻找这样的机会。

一次，在和父亲的闲谈中，父亲说起了陈氏的书生先人与宋家小姐因蜂蜜结缘的故事。我灵机一动，萌生了替父亲卖蜂蜜的想法。当我把自己的想法告诉父亲时，父亲笑着摇摇头说："你又不是做这行的，连蜜的好坏都分不清，还帮我卖蜂蜜？""我可是学品牌营销的，这是我的专长！"我信心满满地告诉父亲。

在我的坚持下，父亲决定让我尝试一下，我与父亲分工合作，父亲开始收集自己和老伙伴们的蜂蜜，确保农家蜜源的纯正，而我则研究起了如何给蜂蜜增添文化元素和传奇色彩。我改编了陈氏书生和宋家小姐的故事，取"宋"为"送"之谐音，推出了""宋小蜜""的品牌和人物形象，幽默诙谐又新鲜，一时间成为朋友圈里的美谈。

为了方便不同阶层人消费，我们又分别推出了"宋大人"

"宋甜蜜"等品牌。产品包装了一下，在朋友圈中发了几条微信，两周就卖了12万元。我有些喜出望外，老父亲高兴地说："你2周做了我4年的销售量。"从来不喝酒的父亲，第一次开戒，向我敬酒："儿子，我现在开始崇拜你了。""这还只是刚开始呢。"我颇感自豪。

就这样，我与"宋小蜜"结下了不解之缘，我的事业发展因父亲的一次生病，我为聊表孝心为他卖蜂蜜而彻底改变，听起来是不是有些像电视剧里的桥段？生活也好，事业也罢，总有许多我们无法预知的事情发生。任何一件小事对于你来说，都可能是不容错过的机会，善于抓住机会，成功或许就会迎面走来了。

| "宋小蜜"的商业帝国 |

一个蜂蜜的品牌就能打造一个商业帝国？或许你会觉得这是痴人说梦，不！我想说的是，在互联网时代，只要你的产品质量过硬，懂得营销，一切皆有可能！

了解我的人都说我喜欢钻牛角尖，其实，我只是一个比较执着的人。做一件事情，就一定要把它做好、做成功、做大，这是我一贯坚持的信念，同时我也认为这是事业成功的最有利保障。事实证明，我的坚持，或者说我的钻牛角尖，是正确的。

经历无数次的风吹雨打，"宋小蜜"也有了自己的新概念，做国内的龙头企业，并创建一个真正属于自己的品牌。

为产品设计高档的外形包装，积极营销，且创造识别能力强的品牌，让"宋小蜜"走出福建，走出中国，重回礼品市场。

打造属于中国人的蜂蜜礼品孝道文化，做高端蜂蜜创意缔造者，"宋小蜜"为自己确定了新的航程，不仅在思维上发生改变，同时也在产品通道上做出了新的规划和选择。

让消费者乐意为创意买单，为健康买单，为生活买单。极大地提高销售产量，当销售产量达到上限时，要控制好上游的产品质量，并做好重点把关工作。

除了在包装创意上细化，利用蜂蜜的功能优势，还可以在产品结构上呈"三角形"细化，即"70%大众走量—20%功能产品—10%顶级产品"，在质和量上建立更加完善的品牌体系，让新的航程到达新的"风景区"。

"宋小蜜"如今的产品已形成系列化、多样化的特点，不仅包括饮食品、日用品、化妆品，还包括保健品和农产品。"宋小蜜"的商业帝国不断壮大，并远远领先于同行业其他企业。

2013年8月，开始组建团队、完善创意；9月试销；10月创办公司；12月全面推向市场。打造"宋小蜜"、宋大人、宋甜蜜3个系列30多款产品，并根据客户的需求进行各种私人量身定制，首年就创下近亿元的销售业绩。

对企业的发展，""宋小蜜""有着清晰的规划（见图7-1）。2014年，打开城市经销商和代理商的渠道，称之为渠道拓展年；2015年，通过横向投资及股份联营合作等方式在全国各主要蜜粉源产地建立多家养蜂基地；2016年联盟同行，构建蜜蜂养殖、采集蜂蜜、蜂蜜养生食品一条龙结构的农业观光生态园等生态旅游和文化产业，"发挥闽商的抱团精神""走出去""打造民族品牌"，这便是我为"宋小蜜"规划的未来，我相信，"宋小蜜"的未来一定如我期盼的那样美好。

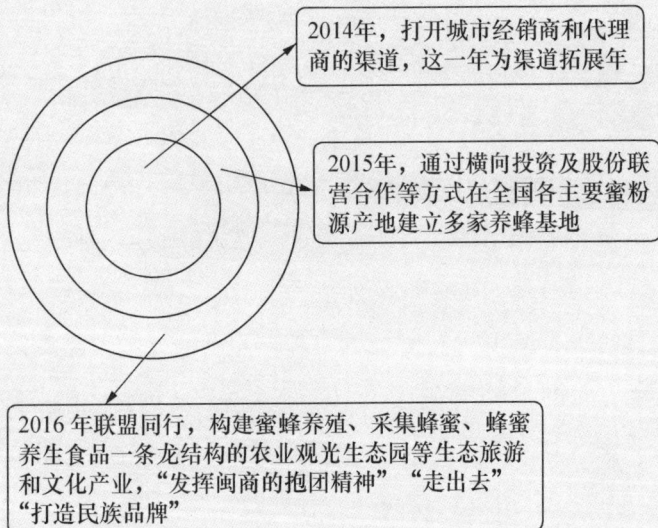

> 2014年，打开城市经销商和代理商的渠道，这一年为渠道拓展年

> 2015年，通过横向投资及股份联营合作等方式在全国各主要蜜粉源产地建立多家养蜂基地

> 2016年联盟同行，构建蜜蜂养殖、采集蜂蜜、蜂蜜养生食品一条龙结构的农业观光生态园等生态旅游和文化产业，"发挥闽商的抱团精神""走出去""打造民族品牌"

图 7-1 "宋小蜜"的事业规划

|"宋小蜜"的大事小情|

对大多数人来说,"宋小蜜"只是一个品牌,没有深入地了解过,下面我就将"宋小蜜"的详细情况和大家介绍一下,方便大家更好地了解"宋小蜜"。

（一）一个不俗的品牌

1个老板,4个销售,1年拼搏,缔造本土众筹奇迹;

1个文创,1个平台,1年布局,成为全民关注的公众企业;

1个团队,1个梦想,1群人,1个可实现的未来;

传统企业颠覆式的运营模式,客户论经营的终极奥义。

中宣部、福建省市政府及台湾地区各级协会高度关注的文化产业公司。

（二）一个伟大的公司

战略·陈氏秘宗（中国）农业发展有限公司

宋小蜜文创　　宋小蜜资本　　立克文创

研发总部 · 福建陈氏秘宗农业发展有限公司

中国运营 · 上海立克文化创意发展有限公司

销售 · 陈氏秘宗（福州）贸易有限公司

生产 · 福州蜂味源蜂业科技有限公司

文创 · "宋小蜜"文化创意产业集团有限公司

（三）组织架构

"宋小蜜"的组织架构如图 7-2 和图 7-3 所示。

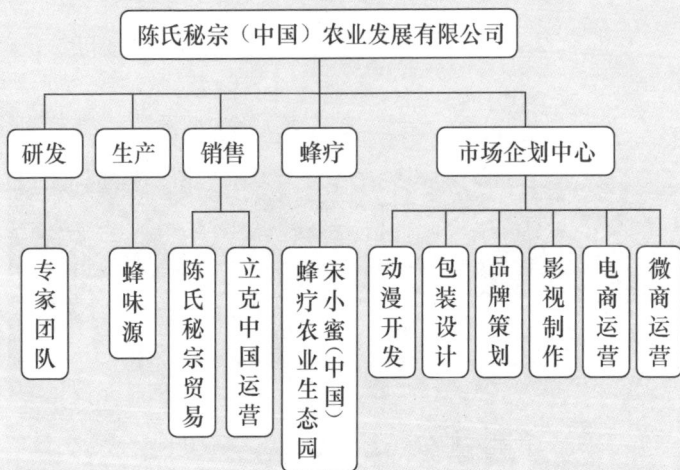

图 7-2　陈氏秘宗（中国）农业发展有限公司架构及相关部门职能

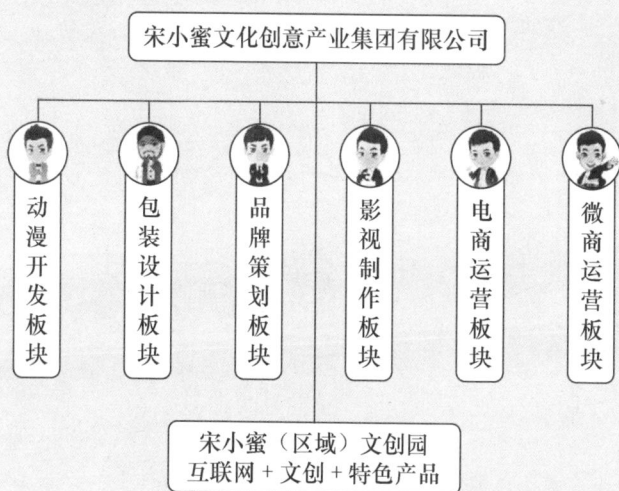

图 7-3 "宋小蜜"文化创意产业集团有限公司主要职能

（四）服务板块

"宋小蜜"文化创意产业集团以文化创意产业为核心，形成营销企划、设计、动漫、影视、电商、微商六大产业模块，利用互联网思维，为客户提供全系统品牌整合开发，激发传统行业活力，快速实现企业转型升级，如图 7-4 所示。

1. 营销企划板块

专注企业营销策划，把握市场趋势，帮助传统企业跨界破局，颠覆创新，重塑企业运营三大模式（商业模式、创新模式、团队模式）。

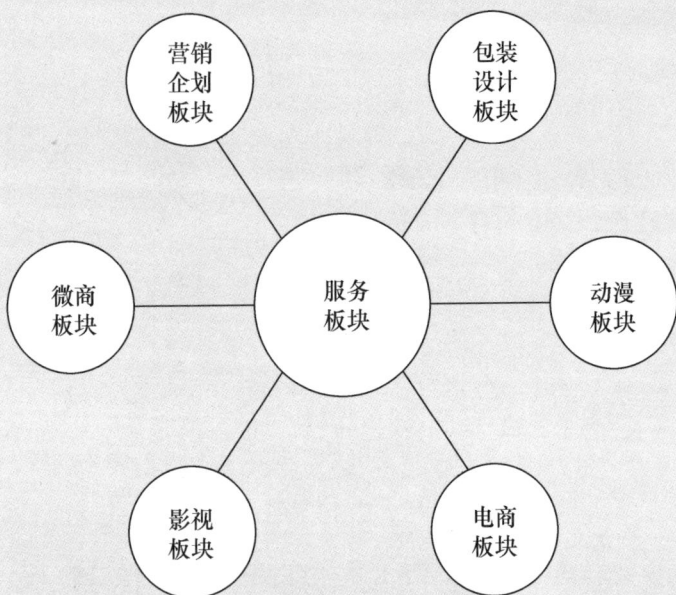

图 7-4 "宋小蜜"服务板块

2. 包装设计板块

为企业产品前期策划、品牌建设、品牌产品包装形象
设计等方面提供运营资源。在多年的实践中创新出从渠道
构建入手到快速推动品牌建设的"自下而上"品牌营销模
型，以及从企业品牌到消费者品牌的完美升级。公司曾参
与 2008 年北京奥运会徽标开发、2010 年中国工商银行 VI
系统设计；服务过中国石油总公司、熹茗茶业、春伦茶业、
《意林》杂志等。

3. 动漫板块

专注于"互联网＋文创＋实业"的O2O营销模式下的品质创新和品牌创造，致力于打造更多互联网时代的"三只松鼠、宋小蜜、江小白"等品牌。团队作品曾获得"优秀动画片一等奖、最佳电视动画大奖、优秀国产动画片、五个一工程奖、金熊猫奖"等诸多奖项。

4. 电商板块

响应国家的"互联网＋"战略，结合传统企业互联网化需求，充分整合企业互联网化落地要素，专注于传统企业互联网化整体规划咨询服务，本着"1+1>2"的经营理念，以独创的"四轮驱动"解决方案即电商化（电商战略咨询、电商运营顾问、电商运营交流）、品牌升级建设、整合营销推广和电商IT系统建设，帮助传统企业实现华丽转身，获得"互联网＋"时代新生。在包装服务中拥有30万的客户，曾帮助企业实现2个亿产值。

5. 影视板块

专注影视品牌传播解决方案，服务过暴风影音、中国电信、国家电网、麦当劳等超过150家大型知名企业。主营院线电影及互联网电影的投资、制片与发行，以及TVC、VCR的拍摄制作，依托对市场的洞察，及集团公司品牌、动漫、电商、微商、产品包装设计的模块布局，将打造出别具个性的电影定制之旅。

6. 微商板块

专注企业微信营销落地、实战、执行、营销、运营，致力帮助企业打造微信 O2O 运营，帮助传统企业抢回属于自己的客户、订单、资源，让企业拥有自己"永远"的鱼塘。

（五）品牌规划

"宋小蜜"的品牌规划主要分为五步，如图 7-5 所示：

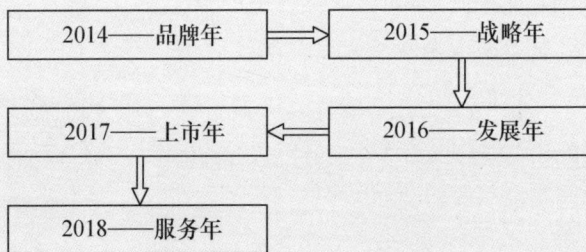

图 7-5 "宋小蜜"品牌规划

1. 2014 ——品牌年

艰苦的一年，我们终于实现"福州人人皆知"的愿望。不仅有政府领导等各届人士视察（走访），还有线上线下不低于 500 人的优秀企业家（妖精的口袋、微社力、最特色、招商地产、盛辉集团、舒剪城、永塘盛、庄吉服饰、饿了吗等）走访"宋小蜜"企业。

政府支持"宋小蜜"区域微总部发展，特批建立三明微总部大楼一幢（含装修），免租三年。这一年，接受各大媒体采访报道超过 30 次（含台湾地区的 TVBS）。

2.2015——战略年

基于 2014 年品牌的普及，实现天使轮，挂牌上市（准），规范企业管理，以公众企业的标杆规范企业经营，让资本市场关注"宋小蜜"的适时发展。

3.2016——发展年

建设蜂疗农业生态园，实现从纯食品向生态农业的华丽转身。

4.2017——上市年

选择适合"宋小蜜"的资源，正式 IPO（首次公开募捐）上市。

5.2018——服务年

全球性招标，完善 CRM（Customer Relationship Management）服务体系，维护经营全球老客户。

| 策划实例文案 |

下面我和大家分享 2 个"宋小蜜"众筹的事例，希望大家能从中获得一些启发，有所收益。

事例一："宋小蜜"全球千人众筹终结版（福建站）

创意改变生活，集智成就未来

"宋小蜜"是谁

中国高端蜂蜜创意缔造者，行业因"宋小蜜"而改变。

微信公众号：陈氏秘宗／fengmi1314517

官网：www.china-fengmi.com

为何您要来

"宋小蜜"群智蜂巢模式连接 · 创意 · 分享

控制用户的时代已经过去，群体的智慧正在到来。而互联网的智慧正是来自于个体聚合的力量，从而形成一片巨大的数据海洋，这已远远超过了"1+1"的简单叠加。除了自身团队的创造力之外，"宋小蜜"旨在打造另外一种由无数聚合者联合形成的智慧网络，连接、创意、分享，从来带来真正深厚而宽广的创造力，为企业和个人提供深度价值和长期利益。

共同创意

"宋小蜜"的未来由您设计。作为合伙人，可随时提供产品的设计方案和思路，经由设计师形成产品，并实现量化生产，可享受两个权益。

1. 获得创意产品净利润分红（分红模式及方案另行签订协议）。假设该产品年生产数量为5000万件，单件净利润空间为3元。

2. 在该产品外包装上打上创意者的签名，实现全球传播。

共享资源

1. 参加"宋小蜜"产品创新研讨。

2. 参加"宋小蜜"合伙人年度盛会,共享优势人脉及资源。

3. 进入"宋小蜜"CEO 私董会人脉圈,分享高层决策经验。

"宋小蜜"为爱起航

本次众筹结束后,资金将用于共青团福建省委、共青团福州市委、福建省简单助学公益协会及福建省萤火虫计划助学中心发起的"阳光助残、青春同行"主题志愿服务活动,完成 48 个孩子的微心愿。

如何参与

1. 爱心合伙人(50 元),限 100 名(每人实名限 1 份)。

(1)获得价值 528 元的"宋小蜜"定制产品赠与权 1 份,留下想要祝福之人的快递信息,我们的甜蜜使者会将你的真挚心意及时传递;

(2)获得"宋小蜜"护照 1 本,推荐、创意、分享均可累积金币,可兑换 iPhone6 等奖品;

(3)参加"宋小蜜"合伙人年度盛会,获得优势人脉及资源;

(4)拥有"宋小蜜"新品优先尝鲜权。

2. 金牌合伙人(2000 元),限 200 名。

(1)获得价值 528 元的产品赠与权 5 份;

（2）获得价值 2600 元的"宋小蜜"定制产品；

（3）获得价值 138 元"宋小蜜"限量版抱枕 5 个；

（4）获得"宋小蜜"护照 1 本，推荐、创意、分享均可累积金币，可兑换 iPhone6 筹奖品；

（5）参加"宋小蜜"合伙人年度盛会，获得优势人脉及资源；

（6）拥有"宋小蜜"新品优先尝鲜权。

3. 金钻合伙人（5000 元），限 200 名。

（1）获得价值 528 元的产品赠与权 10 份；

（2）获得价值 11600 元的"宋小蜜"定制产品。

（3）获得价值 138 元"宋小蜜"限量版抱枕 10 个；

（4）获得"宋小蜜"护照 1 本，推荐、创意、分享均可累积金币，可兑换 iPhone6 等奖品；

（5）参加"宋小蜜"合伙人年度盛会，获得优势人脉及资源；

（6）拥有"宋小蜜"新品优先尝鲜权。

4. 战略合伙人（5 万元），限 10 名（每人限 1 份）。

（1）获得价值 528 元的产品赠与权 20 份；

（2）获得价值 3 万元的"宋小蜜"定制产品；

（3）获得价值 138 元"宋小蜜"限量版抱枕 30 个；

（4）3 年后，返现 5 万元。

（5）进入"宋小蜜"CEO私董会人脉圈，分享高层决策经验，整合优势人脉及资源；

（6）符合条件的，优先吸纳为"宋小蜜"原始股东。

事例二："宋小蜜"全球首轮合伙人众筹盛会

创意改变生活，集智成就未来

"宋小蜜"是谁

中国高端蜂蜜创意缔造者，行业因"宋小蜜"而改变。

微信公众号：陈氏秘宗／ fengmi1314517

官网：www.china-fengmi.com

为何您要来

作为中国蜂蜜创意代言人，"宋小蜜"已经走遍全球。为继续践行"提高中国蜂农的生产收入，提高中国蜂蜜在全球的排名"的使命，我们需要更多人一起加入合伙人团队，共同延续创意，改变生活，创造未来。

共同创意

"宋小蜜"的未来由您设计。作为合伙人，可随时提供产品的设计方案和思路，经由设计师形成产品，并实现量化生产，可享受两个权益。

1. 获得该产品净利润50%的分红（假设该产品年生产数量为5000万件，单件净利润空间为3元）。

2. 在该产品外包装上打上创意者的签名，实现全球传播。

共享资源

1. 参加"宋小蜜"产品创新研讨。

2. 参加合伙人年度盛会，共享优势人脉及资源。

3. 进入"宋小蜜"CEO 私董会人脉圈，分享高层决策经验（1 份）。

如何参与

1. 爱心合伙人（10 元），限 100 名（每人限 1 份）。

（1）获得价值 58 元的产品赠与权 1 份，留下想要祝福之人的快递信息，我们的甜蜜使者会将你的真挚心意及时传递；

（2）获得"宋小蜜"护照 1 本，推荐、创意、分享均可累积金币，可兑换 iPhone6 等奖品；

（3）参加合伙人年度盛会，获得优势人脉及资源；

（4）拥有"宋小蜜"新品优先尝鲜权。

2. 金牌合伙人（500 元），限 200 名（每人限 3 份）。

（1）获得价值 58 元的产品赠与权 5 份；

（2）获得价值 700 元的"宋小蜜"（合伙人专用款）；

（3）获得"宋小蜜"护照 1 本，推荐、创意、分享均可累积金币，可兑换 iPhone6 等奖品；

（4）参加合伙人年度盛会，获得优势人脉及资源；

（5）拥有"宋小蜜"新品优先尝鲜权。

3. 金钻合伙人（1000 元），限 200 名（每人限 3 份）。

（1）获得价值 58 元的产品赠与权 10 份；

（2）获得价值 2000 元的"宋小蜜"（合伙人专用款）；

（3）获得"宋小蜜"护照 1 本，推荐、创意、分享均可累积金币，可兑换 iPhone6 等奖品；

（4）参加合伙人年度盛会，获得优势人脉及资源；

（5）拥有"宋小蜜"新品优先尝鲜权。

4. 战略合伙人（3 万元），限 15 名（每人限 1 份）。

（1）获得价值 3 万元的"宋小蜜"（合伙人专用款）；

（2）2 年后，返现 3 万元；

（3）进入"宋小蜜"CEO 私董会人脉圈，分享高层决策经验，整合优势人脉及资源；

（4）优先成为"宋小蜜"原始股东。

附录一
“宋小蜜”合伙人投资协议

合同编号：榕（2015）A 第　　号

甲方：福建"宋小蜜"文化创意有限公司

住所：福州开发区君竹路 83 号科技发展中心大楼第五

层 Z550 室

现址：福州市仓山区建新镇金工路 1 号福州海峡创意

产业园 9 号楼二层

法定代表人：陈云

乙方：＿＿＿＿＿＿＿＿＿＿＿＿＿＿

身份证号码：＿＿＿＿＿＿＿＿＿＿＿

住址：＿＿＿＿＿＿＿＿＿＿＿＿＿＿

鉴于乙方认可甲方关于"宋小蜜"福州子公司股权众

筹的经营模式，并希望以合伙人身份投资该项目，为明确双方权责，特签订本协议，供各方共同遵守执行。

一、概述

福建"宋小蜜"文化创意有限公司（以下简称"宋小蜜文创"），成立于 2015 年 6 月，营业期限为 2015 年 6 月至 2034 年 6 月，注册资本为 1000 万元，经营范围：组织文化艺术交流活动；展览展示服务；会议服务；设计、制作、代理、发布国内各类广告；图文设计、制作；计算机动画设计；影视策划；礼仪服务；婚庆服务；摄影扩印服务；经济贸易咨询；市场调查；企业营销策划、企业品牌策划、企业管理服务、投资咨询及投资管理服务。后期拟增加如下经营范围：蜂蜜、初级农产品、鲜活水产品、新鲜果蔬的批发、代购代销；自营和代理各类商品和技术进出口，但国家限定公司经营或禁止进出口的商品和技术除外；零售预包装食品（依法须经批准的项目，经相关部门批准后方可开展经营活动）。

二、投资条件

1. 年满 18 周岁，并具有完全民事权利能力和民事行为能力的自然人。

2. 具备本协议要求的投资能力，知悉并确认能够承担相应的责任和风险。

3. 有志与甲方共同做大"宋小蜜"事业，愿意共担风险，共享收益。

4. 符合甲方要求的其他条件，并通过甲方审核确认。

三、投资内容及方式

1. 本协议签订之日起 3 日内，乙方一次性出资＿＿＿＿＿万元，并将该款足额支付至甲方指定的账户。

2. 为方便乙方付款，甲方特指定如下收款账户：

3. 由甲方或其法定代表人陈云、乙方共同出资设立一家有限合伙企业（企业名称待定，以下简称"合伙企业"），其中甲方或其法定代表人陈云为普通合伙人（GP），乙方为有限合伙人（LP）。

4. 各合伙人于合伙企业股权比例及实际利润分配状况如下。

（1）甲方，持有 1% 的股权，但不享受实际利润分配；

（2）乙方，持有＿＿＿＿＿＿＿的股权，但按 1% 的股权享受利润分配；

（3）乙方及其他投资人，累计持有 99% 的股权，但按100% 的股权享受利润分配。

5. 福州子公司股东及其持股情况如下。

（1）甲方，持股 51%；

（2）合伙企业，持股 40%；

（3）可获得期权的职业经理人团队，持股 9%。

四、投资者权利及义务

1. 乙方足额支付投资款后，将自动获得如下权利。

（1）通过合伙企业进而间接持有福州子公司＿＿＿＿＿％的股权，且可实际享有福州子公司＿＿＿＿＿％的利润分成；

（2）获得价值2万元的"宋小蜜"指定蜂蜜礼盒；

（3）参加"宋小蜜"合伙人私董会，分享高层决策经验；

（4）优先购买"宋小蜜"拟上市相关企业的原始股权；

（5）投资人的产品可享受每年1次在全国"宋小蜜"粉丝群体内部进行宣传的机会。

2. 本协议签署后，乙方即应承担如下义务：

（1）积极参与、宣传"宋小蜜"举办的各种活动，并根据其资源、专业及能力等情况提出合理化建议；

（2）本协议内容及乙方自甲方或其关联企业或指定人处取得的所有非公开文件、资料均属相关企业或个人的商业秘密，不得向任何第三方披露。

五、日常经营

1. 乙方及其他所有投资人均不可撤销委托甲方或其法定代表人陈云执行合伙企业合伙事务，乙方及其他投资人均不参与合伙事务的执行。

2. 甲方应定期向乙方及其他投资人报告事务执行情况以及合伙企业的经营状况。

3.乙方及其他投资人有权了解合伙企业及福州子公司经营状况和财务状况。

4.乙方及其他投资人可享有的福州子公司的利润分成由甲方或其法定表人陈云集中行使,甲方或其法定表人陈云收到分红款项后应负责向乙方及其他投资人发放。

5.乙方应承担收益分红相应的税费,该款由合伙企业代扣代缴。

六、争议解决

双方如因本协议发生任何争议,应友好协商解决。协商不成时,任何一方可向甲方所在地的人民法院提起民事诉讼。

七、协议生效及其他

1.除乙方所持有的合伙企业股权可在合伙人内部进行转让进而实现退出外,未经甲方同意,乙方不得申请退出合伙企业。

2.除非具有特别优势及资源,原则上不允许乙方申请投资甲方于其他区域设立的子公司。

3.本协议经双方签字或盖章,且乙方按约定足额支付投资款项_____元之日起生效。

4.本协议一式贰份，双方各持有壹份，具有同等法律效力。

甲方（盖章）：福建"宋小蜜"文化创意有限公司

法定代表人（签字）：_____

乙方（签字）：_____

身份证号码：_____

签订日期：__年__月__日

签约地点：_____

附录二
品牌事记

2015 年 11 月

台湾地区文化创意产业研究所所长及多位专家博士走访"宋小蜜",就两岸文化创意产业的发展进行友好交流。

2015 年 10 月

"宋小蜜"参加中国国际礼品展,大受消费者喜爱与热捧。

"宋小蜜"管理团队在台湾地区进行为期一周的调研并与台湾地区最大蜂企达成战略合作关系。

2015 年 9 月

中国陶瓷艺术大师、景德镇江南陶艺书画院院长罗梦林老师到访"宋小蜜",共商未来合作事项。

"宋小蜜"文化创意产业园项目在第十九届中国国际投资贸易洽谈会正式签约。

福州电视台专访"宋小蜜"团队，揭秘文创在产品中的文化传承与创新。

2015 年 8 月

厦门海沧投资集团董事长一行做客"宋小蜜"，希望未来的跨界电商有更好的合作。

2015 年 7 月

"宋小蜜"获第一届全国青年运动会唯一授权指定蜂产品，为蜂产品品质代言。

《天下众筹·众筹不求人》公益课堂第 2 期，上百名企业老板全情投入，争当明星学员。

2015 年 6 月

台湾地区 TVBS 新闻频道两天专题调研，"宋小蜜"得到台湾地区民众高度关注。

"宋小蜜"荣获省旅游局与海都报联合评选的第四届清新福建旅游品牌总评榜"最佳合作伙伴"。

2015 年 5 月

《天下众筹·众筹不求人》公益课堂第 1 期，在陈云总裁引导下，学员热情高涨学众筹。

陈云总裁在白宫与著名经济学、耶鲁大学终身教授陈志武先生同台对话。

2015 年 4 月

台湾地区民进党相关委员走访"宋小蜜",见证"宋小蜜"从"少数人"创业成为"全民型"运动。

2015 年 3 月

"宋小蜜"从 118 平方米办公室乔迁至 1000 平方米综合体,站在更高的起点,全新启程。

福州市人大代表团走访"宋小蜜",鼓励"宋小蜜"努力创造更好的成绩。

文化产业协会调研"宋小蜜",对"宋小蜜"表示高度认可。

2015 年 1 月

陈氏秘宗于悦华大酒店成功举办"宋小蜜"千人合伙人大会,一时成为焦点,引爆全城。

附录三

"宋小蜜"众筹系列活动照片墙

附录四

宋小蜜文创作品展示墙

后记

众筹，激活创业梦

荀子的《劝学》中有这样一句话："君子生非异也，善假于物也。"牛顿说："如果我看得更远一点的话，是因为我站在巨人的肩膀上。"

就连荀子、牛顿这样的大人物，都懂得借助外物来发展自己，何况是我们呢？我相信每一个年轻人的内心都是热血沸腾的，都有或曾有过创业的梦想，但创业并非易事，财力、物力、人力是必不可少的，这对于那些心怀梦想而又一穷二白的年轻人来说，实在是一道无法迈过去的槛，也让很多人远离了创业的梦想。

俗话说，天下无难事，只怕有心人。白手起家创业的成功者比比皆是，尤其是在当下互联网时代，任何一个行业与互联网联姻，都会化腐朽为神奇。众筹是互联网时代的众多产物之一，对于创业者来说，如果说互联网是风帆，那么，众筹就是海风，两者强强联合，就有可能让创业者实现梦想。

有人说，"宋小蜜"很了不起，有人说，陈云很厉害。其实说到底，我只是比别人更会"善假于物"罢了，而这一点人人都可以做到。只要你精通众筹，善于借助互联网的力量，你可以和我一样成功，甚至比我更成功。

我之所以写《天下众筹》这本书，不是为了出名，更不是为了利益，我只是想和大家分享一下"宋小蜜"成功的经验，让人人都能体会到成功的喜悦，这是我写这本书的初衷。

说到众筹，可能更多人想到的是筹集资金，其实并非如此，我认为比资金更重要的是集众人的智慧，与众人一起为一个项目去努力、去拼搏，这才是众筹之根本。倘若你把目光只盯在钱上面，就很容易出问题，容易触碰法律的红线。

作为商人，我认为最重要的一个品质就是良知，如果没有了良知，事业的发展就难免会误入歧途。所以，我在这本书中拿出一个章节来讲述众筹面临的法律问题，就是想提醒那些想依靠众筹创业的人们，众筹可以，但法律必须敬畏，切莫打法律的擦边球。老老实实地做一个商人，踏踏实实地创业，才能走得久一些，稳一些。

　　在互联网时代，人人都可以是创业者，心中有梦就一定要去追寻，如果你不敢去尝试，瞻前顾后永远都无法到达胜利的彼岸。褚时健，八十岁高龄却依然成功了，而你比他更有资本，因为你年轻，一切都来得及，哪怕是失败了，还有重新站起来的机会。

　　我希望这本《天下众筹》不仅是一本创业指导书，更是一本创业励志书，能够激活年轻人创业的梦想，能鼓励人人都活出一个不一样的人生！

陈云

2016 年 5 月 20 日